| イラストでわかる |

はじめての
社会福祉法人
会計

公認会計士
馬場 充 著

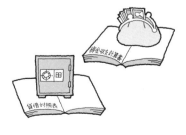

公益財団法人 公益法人協会

はじめに

　みなさんは、これから会計の勉強をはじめるわけですが、会計ができると、いったいどんないいことがあるでしょうか？

　会計というと、お金のことというイメージがあります。

　会計ができると、お金のことがわかるようになります。

　購入した財産が、高かったか安かったかがわかり、お金の使い方に無駄がなかったか振りかえることができます。

　また、お金をどれだけ稼いでいるかもわかります。

　稼いだお金で、足りているかもわかります。

　いくらお金を借りたか、あといくら返さなければならないかもわかります。

　会計によって「お金にかかわる出来事」がわかるようになると、お金の使い方がうまくなります。

　お金の使い方がうまくなるとそれだけ豊かになります。

　会計は、お金や数字ばかりで「難しそう」と思われていますが、会計がわかるにはこつがあります。本書でこつを理解しましょう。

　最後になりましたが、本書の刊行にあたり、多大なご尽力をいただいた公益法人協会の軽部みどり氏に、お礼を申し上げます。

2019 年 5 月

公認会計士　馬場　充

はじめに

第1章　社会福祉法人会計ってなに？

1. 社会福祉法人ってなに？　2
2. 会計ってなに？　3
3. 会計年度ってなに？　4
4. 決算書ってなに？　5

第2章　貸借対照表ってなに？

1. 貸借対照表の内容　8
2. 資産、負債、純資産の関係　11

第3章　事業活動計算書ってなに？

1. 事業活動計算書の内容　14
2. 当期活動増減差額と純資産のつながり　18
3. 純資産の2つの内容　20

第4章　資金収支計算書ってなに？

1. 資金収支計算書の内容　22
   Column　賞与引当金の増加は支出にならない?!　24

2 資金収支計算書の報告内容　**25**

3 資金の増減と当期資金収支差額のつながり　**26**

第5章　簿記ってなに？

1 簿記ってなに？　**28**

2 財務システムを使用した簿記の流れ　**30**

3 帳簿に記録する取引ってなに？　**32**

4 勘定ってなに？　**34**

　　Column　（借方）と（貸方）　**35**

5 勘定科目ってなに？　**40**

6 勘定に記入するときのルール　**43**

7 勘定残高の繰り越し　**45**

8 仕訳ってなに？　**47**

9 仕訳の転記と勘定の計算　**56**

　　Column　総勘定元帳　**60**

10 試算表の作成　**62**

　　Column　伝票と証憑　**63**

11 貸借対照表と事業活動計算書の作成　**64**

第6章　現金預金の会計処理

現金預金の会計処理　**66**

第7章　事業収益の会計処理

1 入金時に収益を計上する会計処理　**74**

2 期中から請求時に収益を計上する会計処理　**78**

Column 入金時に収益を計上するのは誤りか？　**81**

3 国保連に対する事業収益の会計処理　**82**

4 利用者に対する事業収益の会計処理　**91**

5 介護保険事業の収益科目　**92**

6 補助金事業収益の会計処理　**94**

7 受託事業収益の会計処理　**101**

第8章　事業費、事務費の会計処理

1 支払時に費用を計上する会計処理　**106**

2 期中から請求にもとづいて費用を計上する会計処理　**110**

Column 費用の発生はいつ？　**113**

3 事業費の科目　**114**

4 事務費の科目　**118**

第9章　その他の債権の会計処理

1 前払費用、前払金　**126**

2 立替金　**128**

3 仮払金　**130**

4 拠点区分間貸付金　**133**

第10章　その他の債務の会計処理

1 前受金、前受収益　**136**

2 職員預り金、預り金　**138**

3 仮受金　**140**

4 拠点区分間借入金　**142**

第11章 法人本部経費ならびに資金繰入の会計処理

1 法人本部経費の会計処理　**146**
2 資金の繰り入れの会計処理　**150**

第12章 給料手当の会計処理

給料手当の会計処理　**156**

第13章 法定福利費の会計処理

1 社会保険料の会計処理　**162**
2 労働保険料の会計処理　**164**

第14章 退職共済制度の掛け金支払の会計処理

1 福祉医療機構が実施する退職共済制度　**168**
2 都道府県等が実施する退職共済制度　**169**

第15章 固定資産の会計処理

1 有形固定資産の取得の会計処理　**174**
2 有形固定資産の使用中の会計処理　**177**
　　Column 固定資産の残高の意味ってなに？　**181**
3 減価償却費を算定して知りたいことってなに？　**182**
4 減価償却の効果ってなに？　**186**
5 減価償却費の計算を間違えるとどうなるの？　**189**

第16章 固定資産に対する補助金の会計処理

1 固定資産等に対する補助金の受けとりの会計処理 **196**
2 国庫補助金等特別積立金を取り崩す会計処理 **200**
　Column 社会福祉法人の固定資産に補助金を交付すると利用者の負担が軽減されるの？ **203**

第17章 資金収支計算書の作成

1 収入と支出にかかる取引 **206**
2 資金の範囲 **207**
3 収入の発生とは **209**
4 支出の発生とは **210**
5 資金の仕訳処理の点検 **211**
6 資金仕訳の転記と勘定の計算 **218**
7 資金収支試算表の作成 **220**
8 資金収支計算書の作成 **221**

巻末資料①　社会福祉法人の主な勘定科目 223
巻末資料②　社会福祉法人の拠点区分決算書の参考例 235

参考　設例 INDEX

【設例1】　（基本）貸借対照表の作成例　**11**
【設例2】　（基本）事業活動計算書の作成例　**16**
【設例3】　（基本）資金収支計算書の作成例　**25**

【設例 4】	現金勘定の記入例	**36**
【設例 5】	職員給料勘定の記入例	**37**
【設例 6】	（仕訳例）現金で車を購入した	**47**
【設例 7】	（仕訳例）設備資金を借り入れた	**49**
【設例 8】	（仕訳例）介護報酬を現金で受けとった	**52**
【設例 9】	（仕訳例）食材を購入し、普通預金から支払った	**55**
【設例 10】	（仕訳例）長期運営資金を借り入れた	**56**
【設例 11】	（仕訳例）法人設立時の運転資金の寄付金を受けとった	**57**
【設例 12】	（仕訳例）勘定の計算例	
	（設例 10、11 の借方合計・貸方合計）	**57**
【設例 13】	（仕訳例）現金の増加	**67**
【設例 14】	（仕訳例）現金の減少	**67**
【設例 15】	（仕訳例）小口現金の増加	**68**
【設例 16】	（仕訳例）小口現金の減少	**69**
【設例 17】	（仕訳例）普通預金の増加	**71**
【設例 18】	（仕訳例）普通預金の減少	**71**
【設例 19】	（仕訳例）期中における保育所委託費の入金	**74**
【設例 20】	（仕訳例）決算における保育所委託費の請求	**76**
【設例 21】	（仕訳例）介護報酬の国保連にたいする請求	**78**
【設例 22】	（仕訳例）介護報酬の国保連からの入金	**79**
【設例 23】	（仕訳例）介護報酬の請求の取り下げ	**84**
【設例 24】	（仕訳例）介護報酬の請求の過誤決定	**85**
【設例 25】	（仕訳例）介護報酬の返戻と再請求	**87**
【設例 26】	（仕訳例）利用者負担金の請求	**91**
【設例 27】	（仕訳例）期中における運営費補助金の入金	**94**
【設例 28】	（仕訳例）決算における運営費補助金の請求	**95**

【設例 29】 （仕訳例） 補助金事業にかかる利用者負担の請求　**98**

【設例 30】 （仕訳例） 市区町村の委託事業にかかる委託料の請求　**101**

【設例 31】 （仕訳例） 市区町村の委託事業にかかる利用料の請求　**101**

【設例 32】 （仕訳例） 市区町村の委託事業にかかる未執行額の返還　**102**

【設例 33】 （仕訳例） 期中における給食材料費の支払　**106**

【設例 34】 （仕訳例） 決算における水道光熱費の未払　**108**

【設例 35】 （仕訳例） 給食材料費の未払計上　**110**

【設例 36】 （仕訳例） 事業未払金の支払い　**111**

【設例 37】 （仕訳例） 前払費用の増加　次年度の賃料の前払　**126**

　〃続き 　（仕訳例） 前払費用の減少　前払賃料の費用振替　**127**

【設例 38】 （仕訳例） 立替金の増加　社会保険料の立て替え払　**128**

　〃続き 　（仕訳例） 立替金の減少　社会保険料立替金の回収　**129**

【設例 39】 （仕訳例） 仮払金の増加　仮払の申請にたいする支払　**131**

　〃続き 　（仕訳例） 仮払金の減少　仮払の精算と残金の戻入　**131**

【設例 40】 （仕訳例） 拠点区分間貸付金の増加

拠点間の資金貸し付け　**133**

　〃続き 　（仕訳例） 拠点区分間貸付金の減少

拠点間の貸付金の回収　**134**

【設例 41】 （仕訳例） 前受金の増加

次年度のセミナー参加費の入金　**136**

　〃続き 　（仕訳例） 前受金の減少　セミナー参加費の収益振替　**137**

【設例 42】 （仕訳例） 職員預り金の増加

源泉所得税、社会保険料の控除　**138**

　〃続き 　（仕訳例） 職員預り金の減少　社会保険料預り金の納付　**139**

【設例 43】 （仕訳例） 仮受金の増加　入金理由不明の入金　**140**

〃続き	（仕訳例）仮受金の減少	
	入金内容の調査にもとづく収益振替	**141**
【設例44】	（仕訳例）拠点区分間借入金の増加	
	拠点間の資金借り入れ	**142**
〃続き	（仕訳例）拠点区分間借入金の減少	
	拠点間の借入金の返済	**143**
【設例45】	（仕訳例）施設拠点区分における役員報酬の立て替え払	**147**
【設例46】	（仕訳例）施設拠点区分から本部拠点区分への資金繰入	**151**
【設例47】	（仕訳例）職員給料の支払い　**158**	
【設例48】	（仕訳例）社会保険料の支払　**162**	
【設例49】	（仕訳例）労働保険料の支払（簡便法）　**165**	
【設例50】	（仕訳例）都道府県退職共済掛け金の支払　**169**	
〃続き	（仕訳例）都道府県退職共済掛け金に	
	かかる費用処理（簡便法）	**171**
【設例51】	（仕訳例）車両の取得価額と諸費用の支払　**174**	
【設例52】	（仕訳例）車両の減価償却費の算定と計上　**179**	
【設例53】	減価償却をなぜおこなうのか？	
	（販売価格の決定、採算性）	**182**
〃続き	減価償却の効果はなにか？（設備の更新資金の確保）　**186**	
【設例54】	減価償却の計算を間違えるとどうなるか？	
	（設備更新時に資金不足のおそれ）	**189**
【設例55】	（仕訳例）固定資産にたいする国庫補助金等の入金　**197**	
【設例56】	（仕訳例）減価償却にかかる国庫補助金等の取り崩し　**201**	
【設例57】	（仕訳例）設備資金の借入にかかる資金収入　**215**	
【設例58】	（仕訳例）設備資金借入金の返済にかかる資金支出　**216**	
【設例59】	資金仕訳の転記と勘定の計算例　**218**	

本書での略称

「会計基準」：社会福祉法人会計基準（平成 28 年厚生労働省令第 79 号）

「運用上の取扱い」：社会福祉法人会計基準の制定に伴う会計処理
　　　　　　　　　等に関する運用上の取扱いについて

「運用上の留意事項」：社会福祉法人会計基準の制定に伴う会計処
　　　　　　　　　理等に関する運用上の留意事項について

　詳細は、厚生労働省ホームページ（https://www.mhlw.
go.jp/）をご参照ください。

イラストレーション：Ray

第1章

社会福祉法人会計ってなに?

1 社会福祉法人ってなに？
2 会計ってなに？
3 会計年度ってなに？
4 決算書ってなに？

1 社会福祉法人ってなに？

介護、保育、障害者支援など主に社会福祉事業をおこなう法人

　社会福祉法人は、介護、保育、障害者支援など、主に社会福祉事業をおこなう法人です。

　社会福祉事業にはさまざまな事業がありますが、ひと言でいうと「弱者の生活を支える事業」といえます。

　社会福祉法人は、利用者に食事を提供し、入浴の介助や外出を支援したり子どもたちの保育をするなど、さまざまなサービスを提供します。

　そして、サービスを提供すると報酬などを受け取ります。

　また、サービスを提供するために職員を雇用して給料を支払います。

　社会福祉事業には公金が提供されますが、**社会福祉法人には公金を目的どおりに使っているか、何にいくらお金がかかったか、お金が足りているか、行政に報告する義務があります。**

2 会計ってなに？

会計は「お金にかかわる出来事の報告」

　会計はひと言でいうと「お金にかかわる出来事の報告」です。
　いま手もとにいくらお金があるかは、金庫や通帳を見ればわかります。でも、お金がどうしてその残高になったのかは、お金を見ていてもわかりません。これから高い買い物をしてもいいのか、それとも手を付けてはいけないのかも、お金を見ているだけではわかりません。知らず知らずのうちに使いすぎて、お金が足りなくなるかもしれません。
　そのようなことにならないように**何にいくら使ったのか、逆にいくらお金を稼いだか、お金以外に財産がいくらあるのか、借金がいくらあるのか記録して、お金にかかわる出来事を報告**します。
　その記録と報告を「会計」といいます。

3 会計年度ってなに？

毎年4月1日から翌年3月31日までの1年間

　社会福祉法人は、社会福祉法人会計基準というルールにしたがって決算書を作りますが、社会福祉法人会計の第一歩として先ず会計の用語に慣れましょう。

　「会計年度」とは、会計をする一定期間のことをいいます。
　社会福祉法人の会計年度は、毎年4月1日から翌年3月31日までの1年間とされています（社会福祉法第45条の23第2項）。
　毎年4月1日を期首、翌年の3月31日を期末といいます。
　現在の会計年度を当年度または当期、前の年度を前年度または前期、次の年度を次年度または翌期といいます。
　そして期首と期末の間を期中といい、3月31日のことを決算日ともいいます。

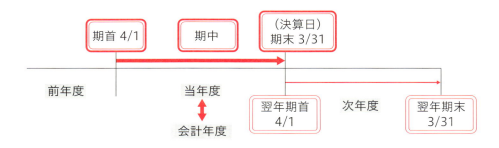

第1章 社会福祉法人会計ってなに？

4 決算書ってなに？

1年間の会計の結果をあらわした書類

決算書とは1年間の会計の結果をあらわした書類です。

社会福祉法では「計算書類」といいます。また一般に「財務諸表」と呼ばれることもありますが、意味は同じです。

決算書は理事会、評議員会の承認を得て、毎年6月30日までに所轄庁に提出するルールです。

評議員会

社会福祉法人は、財産の状態、純資産の増減の内容、資金収支の内容をあらわす決算書として「貸借対照表」「事業活動計算書」「資金収支計算書」を作成します。

第 2 章

貸借対照表ってなに?

1 貸借対照表の内容
2 資産、負債、純資産の関係

1 貸借対照表の内容

法人の財産の状態をあらわす決算書

　法人の財産の状態をあらわす決算書を「貸借対照表」といいます。法人の財産は資産、負債、純資産に分けられ、貸借対照表はそれぞれの財産がいくらあるかをあらわします。

1．資産

　資産とは、現金、預金、土地、建物、車両、器具備品などの財産をいいます。
　これらは目に見える財産ですが、この他に、債権、権利、パソコンのソフトなどカタチは見えないけれど、将来お金に交換される権利や長く利用するモノも資産になります。

2．負債

　負債とは、借入金などの返さなくてはいけないお金、支払義務をあらわします。

　日常生活で近いものは住宅ローンやクレジット払いです。

　負債は、現金などの資産と違ってカタチは見えませんが、財産の状態を正しく知るためには、借金などの負債がいくらあるかわからなければなりません。

　借入金や債務を返せないと事業を続けられなくなるからです。

負債の種類

賞与引当金

借入

未払

3. 純資産

　純資産とは、負債と違って返さなくてもいいお金であり、社会福祉法人にとっての**正味の財産をあらわします。**

　たとえば、法人の設立や施設の創設時に役員などから受け入れた「寄付金」、国などから施設の建設資金として交付された「補助金」などがあげられます。

4. 貸借対照表の形式

　貸借対照表は、資産を左側、負債および純資産を右側にあらわします。

2 資産、負債、純資産の関係

**資産は財産の内容、
負債・純資産はお金の出所をあらわす。**

簡単な設例で貸借対照表を作成してみましょう。

設例1 法人を設立し、現金 600 を用意した。
このうち 100 は借入をおこない、残り 500 は理事から運転資金の寄付を受けた。
このときの財産の内訳は以下のとおりです。
①資産… 現金 600
②負債… 借入金 100
③純資産… 運転資金の寄付金 500

貸借対照表は次のようになります。

設立時の貸借対照表

前頁のとおり、資産、負債、純資産は以下の関係にあります。

$$資産＝負債＋純資産$$

資産は財産の内容をあらわし、負債・純資産はお金をどこから受け入れたか、お金の出所をあらわします。

逆にいうと、負債・純資産は法人のお金をどうやって調達したかをあらわし、資産はお金を何に使ったかをあらわします。

また上記の算式は、以下のように純資産の算定式に組み換えることができます。

$$資産—負債＝純資産$$

資産から負債を差し引くと正味の財産（純資産）がいくらであるかわかります。

純資産は返さなくて良いお金ですから**純資産の割合が高い法人は財産状態がいい**といえます。

設例1では、資産600にたいして負債は100であり、差し引き純資産は500ですから、純資産の割合が高いので、財産の状態は良さそうだといえます。

※本設例1は、これ以降、各章でとり上げられる設例のベースとなるものです。

第 3 章

事業活動計算書ってなに?

1 事業活動計算書の内容
2 当期活動増減差額と純資産のつながり
3 純資産の 2 つの内容

1 事業活動計算書の内容

> 収益と費用によって純資産が増加・減少した原因を明らかにする決算書

　第2章2で述べたとおり、純資産が高い法人は財産状態がいいといえるので、純資産が増えた原因、減った原因を明らかにするのは大事なことです。
　純資産が増えた原因を「収益」、減った原因を「費用」といいますが、収益と費用によって純資産が増加・減少した原因を明らかにする決算書を「事業活動計算書」といいます。

1. 収益とは

　収益とは、介護・保育・支援などのサービス提供による報酬、委託費、給付金などや、物を販売したときの売上金をいいます。
　これらのお金は返さなくていい財産ですから、その分純資産が増えます。
　このほか、寄付金や補助金も返さなくていいお金であり、収益になります。

第３章　事業活動計算書ってなに？

2. 費用とは

　費用とは、職員の労働、食材や水道光熱費、業務委託などサービスを提供するためにかかった労力をいいます。

　労力にはお金がかかり、たとえば、職員の給料、食材代や水道光熱費の使用料などを支払いますから、その分純資産が減ります。

　このほか建物や車などの使用、賠償金の支払、罰金の支払、資産の廃棄も財産が減るので費用になります。

3. 当期活動増減差額とは

収益から費用を差し引いた差額を「当期活動増減差額」といいます。

$$収益ー費用＝当期活動増減差額$$

当期活動増減差額はサービスの提供によって正味財産である**純資産がどれだけ増えたかあるいは減ったかをあらわします。**

簡単な設例で事業活動計算書を作成してみましょう。

> **設例2** 利用者にサービスを提供して報酬を 200 受け取った。職員を雇用し給料を 180 支払った。
> ①収益… 報酬 200
> ②費用… 給料 180

事業活動計算書は次のようになります。

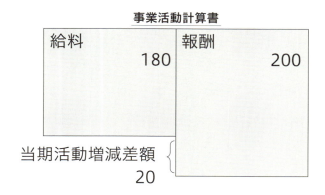

サービスを提供するためにかかった労力が費用であり、サービスを提供して得られた報酬が収益ですから、サービスの提供という点で、収益と費用は対応する関係にあります。

上記の設例では、当期活動増減差額が黒字ですから、労力を上回る報酬をあげられたといえます（逆に赤字の場合は、報酬よりも労力がかかったといえます）。

4．事業活動計算書の形式

勘定式の事業活動計算書では、**収益を右側、費用を左側**にあらわし、収益から費用を差し引いて当期活動増減差額を算定します。

2 当期活動増減差額と純資産の つながり

**当期活動増減差額と純資産の増減額は
一致します。**

　設例2（16ページ）によって設例1（11ページ）の貸借対照表がどのように変化するかみてみましょう。

設立時の貸借対照表

現金	600	借入金	100
		基本金 （寄付）	500

　設例2では、サービスの提供により報酬を200受けとり、一方で給料を180支払ったので、差額20の現金が増加しています。

　また、この現金は返さなくていいお金ですから、純資産も20増えます。
したがってサービス提供後の貸借対照表は次のようになります。

第3章 事業活動計算書ってなに？

サービス提供後の貸借対照表

現金 600	借入金 100
	基本金（寄付）500
現金 ↓↓20	純資産 ↓↓20

純資産の増加額は、以下のように計算できます。
サービス提供後の純資産 520 − 設立時の純資産 500 ＝ 純資産の増加額 20

貸借対照表と事業活動計算書は以下の関係にあります。

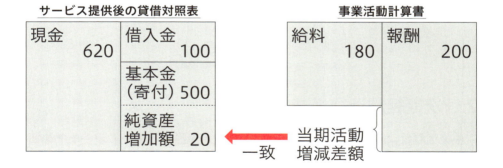

このように事業活動計算書の当期活動増減差額と純資産の増減額は一致し、純資産がどのようにして増えたか、事業活動計算書によって明らかにします。

3 純資産の2つの内容

> 純資産の増加額は「次期繰越活動増減差額」であらわされます。

純資産は返さなくていいお金をあらわしますが、次の2つの内容に分かれます。

1.「基本金」「国庫補助金等特別積立金」

理事等、国等からもらったお金のことです。

基本金　　　国庫補助金等特別積立金

2.「次期繰越活動増減差額」

事業活動による純資産の増加額であり、**法人が設立してから現在までの間に、余剰金をいくらあげてきたかをあらわします。**

第 4 章

資金収支計算書ってなに?

1 資金収支計算書の内容
2 資金収支計算書の報告内容
3 資金の増減と当期資金収支差額のつながり

1 資金収支計算書の内容

> 資金がどのようにして増えたか、あるいは何に使って減ったかをあらわす決算書

「資金」は、使途を特定しないで手もとにとってあるお金であり、運転資金として職員給料や業者の支払、借入金の返済などにあてられます。

収入と支出によって、法人の資金がどのようにして増えたか、あるいは何に使って減ったかをあらわす決算書を「資金収支計算書」といいます。

1. 収入とは

収入は、報酬、委託費、補助金など資金を増やすものをいいます。

収入は収益に似ていますが、収益以外の収入もあります。たとえば長期の借入による入金は収益にはなりませんが、資金が増えるので収入になります。

第4章 資金収支計算書ってなに？

2. 支出とは

　支出は資金を減らすものをいいます。
　サービスを提供するために職員の給料、食材代、水道光熱費の使用料などを支払います。このほか賠償金、罰金等を支払うこともあり、その分資金が減ります。
　支出は費用に似ていますが、費用以外の支出もあります。たとえば、長期借入金の返済や、土地、建物、車といった長期にわたって使用する資産の購入は費用にはなりませんが、お金が出ていき資金が減るので支出になります。

3. 当期資金収支差額とは

　収入から支出を差し引いた差額を当期資金収支差額といいます。

$$収入 － 支出 ＝ 当期資金収支差額$$

　当期資金収支差額は、資金がどれだけ増えたか、あるいは減ったかをあらわします。

4. 資金収支計算書の形式

勘定式の資金収支計算書では**収入を右側、支出を左側**にあらわし、収入から支出を差し引いて当期資金収支差額を算定します。

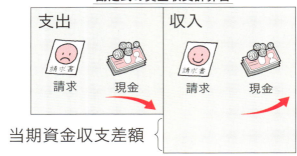

勘定式の資金収支計算書

Column
賞与引当金の増加は支出にならない?!

貸借対照表には賞与引当金という負債があります。賞与引当金は、日常生活ではなじみがありませんが、イメージでいうと「賞与をいくら払おうかな」と考えていることといえます。まだ支払いが確定していないので、賞与引当金が増加しても、賞与支出は生じません。

第４章　資金収支計算書ってなに？

2 資金収支計算書の報告内容

資金の動きをあらわし、公金を何に使ったか明らかにします。

簡単な設例で資金収支計算書を作成してみましょう。

> **設例3** 報酬を 200 受け取った。お金を 100 借り入れた。一方、給料を 180 支払った。借入金を 10 返した。車を購入し 100 支払った。
> ①収入… 報酬 200、借入金の入金 100
> ②支出… 給料 180、借入金の返済 10、車の購入 100

資金収支計算書

給料	180	報酬	200
借入金返済	10	借入金入金	
車の購入	100		100
支出合計	290		
当期資金収支差額	10	収入合計	300

サービスの提供による収入支出の他、新たな借入による入金、借入金の返済、車の購入による資金の動きがあらわされます。

このように資金収支計算書は、**公金を何に使ったか、公金を目的外に使っていないか明らかにし、公金の使用報告に役立ちます。**

3 資金の増減と当期資金収支差額のつながり

> 当期資金収支差額と貸借対照表における資金の増減は一致します。

　前述の設例3（25ページ）によって設例1（11ページ）の貸借対照表の資金がどのように変化するかみてみましょう。

　設例1の貸借対照表では現金残高が資金をあらわします。

　設例3では、収入が300あり、一方で、支出が290あったので、差引10現金が増加しています。また、現金の増加により資金も10増加し、資金残高は610になります。

　取引後の資金残高と資金収支計算書は以下の関係にあります。

　このように**資金収支計算書の当期資金収支差額と貸借対照表における資金の増減は一致します。**

第 5 章

簿記ってなに?

1 簿記ってなに?
2 財務システムを使用した簿記の流れ
3 帳簿に記録する取引ってなに?
4 勘定ってなに?
5 勘定科目ってなに?
6 勘定に記入するときのルール
7 勘定残高の繰り越し
8 仕訳ってなに?
9 仕訳の転記と勘定の計算
10 試算表の作成
11 貸借対照表と事業活動計算書の作成

1 簿記ってなに？

財産の増加・減少を帳簿に記録するルール

　第2章から第4章にかけて、資産・負債・純資産、収益・費用、収入・支出の内容を解説し、簡単な設例で貸借対照表、事業活動計算書、資金収支計算書をみてきました。

　本章では、決算書の作成手順を解説します。
　社会福祉法人は、日々様々な取引をおこないますが、取引をおこなうと法人の財産が増えたり減ったりします。

　会計は、お金にかかわる出来事を報告するものなので、取引によって、どの財産が増えたか、あるいは減ったか、1件1件「帳簿」（「勘定」ともいいます）というノートに記録します。
　そして財産の増加・減少をつけた**帳簿をもとに貸借対照表と事業活動計算書を作成します。**
　また、取引によっては資金が増えたり減ったりしますが、資金の増加・減少を1件1件「資金帳簿」に記録し、**資金帳簿をもとに資金収支計算書を作成します。**

　決算書のもととなる帳簿および資金帳簿の記録のしかたには一定のルールがあり、このルールのことを「簿記」といいます。

第5章 簿記ってなに？

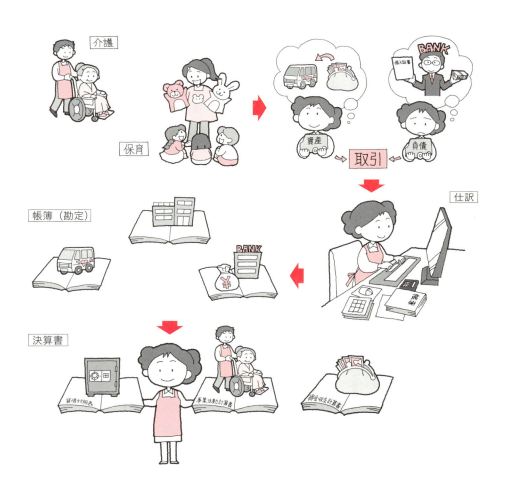

2 財務システムを使用した 簿記の流れ

**資金帳簿は、財務システムの自動処理を
点検し、誤りがあれば修正して完成させます。**

前述1のとおり社会福祉法人の会計では、帳簿と資金帳簿が必要になり
ますが、手作業で2つの帳簿を作成すると、業務量が2倍になるので、実
務では財務システムの自動処理によって資金帳簿を作成します。

すなわち会計担当者は、まず貸借対照表と事業活動計算書を作成するた
めの帳簿の記録をおこない、続いて、財務システムの自動処理によって作成
された資金帳簿を点検し、誤りがあった場合に修正して完成させます。

そこで本書では、会計担当者の実務に即して、この章では、財産の増加・
減少にかかる帳簿の記録にしぼって解説し、資金帳簿の記録は後述します。

第 5 章 簿記ってなに？

【財務システムを使用した簿記の流れ】

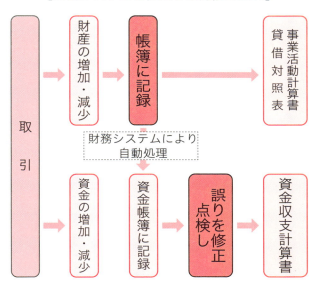

3 帳簿に記録する取引ってなに？

資産または負債が、増加する取引、減少する取引、
純資産を増やす活動、または減らす活動

1. 財産の増加と財産の減少の取引

　一般にいわれている取引のうち、資産または負債が増加または減少する取引、そして純資産を増やす活動または減らす活動のことを会計上の「取引」といいます。

　取引によって、どの資産・負債・純資産がいくら増加または減少したかを帳簿（「勘定」）に記録します。

【財産の増加または減少の記録】

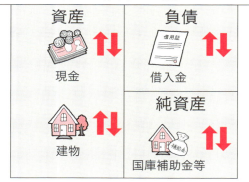

第5章　簿記ってなに？

たとえば「現金が増える、減る。」「借入金が増える、減る。」「国庫補助金が増える、減る。」ことを、会計上の取引といいます。

2. 純資産が増加・減少する取引

第3章で解説したとおり、純資産を増やす活動を収益、純資産が減る活動を費用といいます。

簿記では、取引によってどの収益がいくら生じたか、あるいはどの費用がいくら生じたか帳簿（「勘定」）に記録します。

【純資産の増加原因または減少原因の記録】

4 勘定ってなに？

資産・負債・純資産・収益・費用の科目別に増加額・減少額を記録して残高を計算する書式

1．勘定とは

　現金など財産の増加・減少を記入する帳票を「勘定」といいます。

　勘定は、資産・負債・純資産、収益・費用の科目毎に用意し、その増加額・減少額を記入して計算します。

　たとえば、現金の増加・減少を記入する帳票を「現金勘定」、職員給料の発生・取消を記入する帳票を「職員給料勘定」といいます。

　簿記での勘定の形式は、"T字型"で真ん中から左右を分け、財産等の増加・減少あるいは発生・取消を記入します。

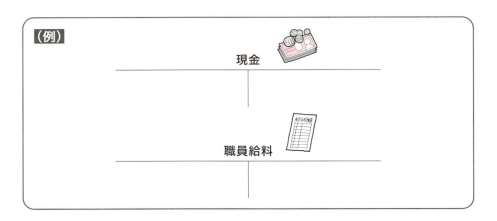

第 5 章　簿記ってなに？

簿記ではＴ字の左側を **（借方）** と呼び、右側を **（貸方）** と呼びます。

（借方）と（貸方）

　簿記では左側を（借方）、右側を（貸方）といいますが、日常生活で使用する「〇〇を借りた。」、「〇〇を貸した。」という意味はありません。単に左を（借方）、右を（貸方）と呼ぶことにしただけです。

　慣れれば気になりませんが、どうしても理解しづらい場合は覚え方があります。

2．現金の増加・減少の勘定記入

現金の増加は左側（借方）、現金の減少は右側（貸方）に記入します。

35

設例 4	現金の増加・減少を現金勘定に記入してみましょう。

○／1　現金の入金　100
○／8　現金の支払　 50
○／11現金の入金　 50
○／18現金の支払　 70
○／21現金の入金　200
○／25現金の支払　250
○／31現金の支払　100
○／31現金の入金　300

（借方）		現金	（貸方）	
○／1	100			
		○／8	50	
○／11	50			
		○／18	70	
○／21	200			
		○／25	250	
○／31	300	○／31	100	

　現金の増加を左側（借方）、現金の減少を右側（貸方）と決めたことにより、現金の増加と減少を正確に記録できるようになります。

3.　職員給料の発生・取消の勘定記入

　職員給料の発生は左側（借方）に記入します。
　なお、取り消すときは右側（貸方）に記入します。

第5章 簿記ってなに？

職員給料の発生・取消を職員給料勘定に記入してみましょう。

設例 5　〇／25　　職員給料の支給 280
　　　　　〇／25　　職員給料の取消 30
　　　　　〇／31　　職員給料の支給 100

(借方)	職員給料	(貸方)	
〇／25	280	〇／25	30
〇／31	100		

4．勘定の合計と残高の計算

　勘定に財産の増加または減少を記入後、勘定の（借方）の合計、（貸方）の合計および残高を計算します。
　勘定の（借方）の合計を借方合計、（貸方）の合計を貸方合計といいます。借方合計と貸方合計の差額を残高といいます。
　借方合計のほうが多い場合は、借方残高、貸方合計のほうが多い場合は、貸方残高といいます。

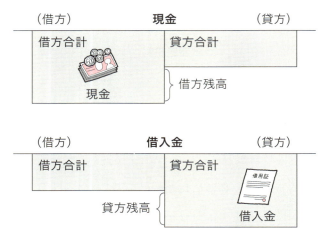

5. 現金勘定の計算例

前出の現金勘定を計算してみましょう。

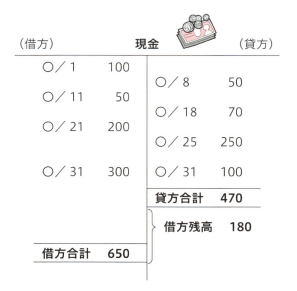

現金勘定の借方合計は、○／1～○／31までの現金増加額をあらわします。

貸方合計は、○／1～○／31までの現金減少額をあらわします。

借方残高は○／31時点の現金残高をあらわします。

現金勘定をみると、現金がいつ、いくら増えたか、いつ、いくら減ったか、現金残高がいくらだったかわかります。

6．職員給料勘定の計算例

同様に職員給料勘定の計算をみてみましょう。

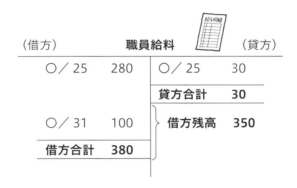

同様に職員給料勘定をみると、職員給料がいつ、いくら発生したか、○／1～○／31までの間に職員給料がいくらかかったかわかります。

なお、「勘定」に取引内容を記載して書面にしたものを、「帳簿」といいます。

また、会計用語では「総勘定元帳」、略して「元帳」ともいいます。

「帳簿」「総勘定元帳」については本章9のコラムを参照して下さい（60、61ページ）。

5 勘定科目ってなに？

資産・負債・純資産・収益・費用の内容をあらわす名称

　取引によって増加・減少した財産等の内容をあらわすのが「勘定科目」です。
　前述の4では勘定科目の一例として「現金」「職員給料」をみましたが、社会福祉法人会計では「運用上の留意事項」別添3に勘定科目が解説されています。
　すべての社会福祉法人が同じ勘定科目を使うことで、他の法人の決算書と比較できるようになります。

［科目例］

1. 資産

現金

普通預金

現金預金、事業未収金、未収補助金、基本財産土地、基本財産建物、車輌運搬具、器具及び備品、退職給付引当資産、修繕積立資産　など

未収金

建物

> **POINT** 事業未収金、未収補助金は、お金を受け取る権利のことです。

第5章 簿記ってなに？

2. 負債

未払金

借入金

短期運営資金借入金、事業未払金、その他の未払金、職員預り金、賞与引当金、設備資金借入金、リース債務、退職給付引当金　など

> **POINT** 事業未払金、その他の未払金は、お金を支払う義務のことです。

3. 純資産

基本金　国庫補助

基本金、国庫補助金等特別積立金、修繕積立金　など

4. 収益

収益

補助金

介護報酬収益、補助金事業収益（公費）、委託費収益、訓練等給付費収益、事務費収益、経常経費寄附金収益、施設整備等補助金収益　など

> **POINT** サービス活動収益は、大区分科目が事業種別、中区分科目がサービス内容、小区分科目が負担者をあらわします。

5. 費用の勘定科目

費用

給食

職員給料、非常勤職員給与、給食費、介護用品費、保育材料費、水道光熱費、燃料費、車輌費、福利厚生費、旅費交通費、事務消耗品費、修繕費、通信運搬費、保険料、業務委託費、土地・建物賃借料　など

> **POINT** サービス活動費用は、大区分科目を、①職員処遇にかかわる人件費、②利用者の処遇に直接必要な事業費、③その他事業所の運営に必要となる事務費に分けたうえで、それぞれ中区分科目で取引内容をあらわします。

第５章　簿記ってなに？

6 勘定に記入するときのルール

資産・負債・純資産・収益・費用の項目毎に
増加・減少の記入方法が決まっています。

前述の４では「現金勘定」「職員給料勘定」の記入例をみましたが、資産・負債・純資産・収益・費用の項目毎に増加・減少の記入ルールが決まっています。

1．資産科目のルール

増加は（借方）

減少は（貸方）

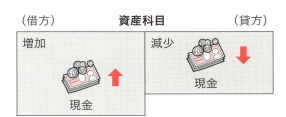

2．負債科目のルール

増加は（貸方）

減少は（借方）

3. 純資産科目のルール

増加は（貸方）

減少は（借方）

4. 収益科目のルール

収益は（貸方）

収益の取り消しは
（借方）

5. 費用科目のルール

費用は（借方）

費用の取り消しは
（貸方）

第5章 簿記ってなに？

7 勘定残高の繰り越し

勘定は月末残高を次の月に繰り越します。
勘定の最終残高が決算書の残高になります。

1. 月末残高の繰り越し

　勘定は、月毎に締めきります。毎月1日から記入を開始し、月末まで記入が終わったら、借方合計、貸方合計および残高を算定して、月末残高を次の月に繰り越します。

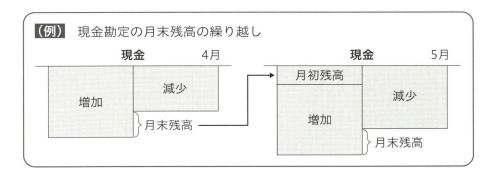

（例）現金勘定の月末残高の繰り越し

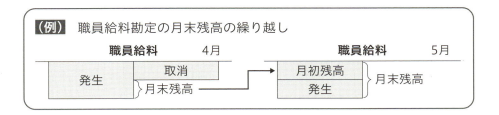

（例）職員給料勘定の月末残高の繰り越し

2. 期末の繰り越し

　勘定は、会計年度毎に作成して保存します。
　年度末まで記入を終えた勘定の最終残高が、会計年度の期末残高となり、決算書を作成するための基礎資料となります。

　なお、貸借対照表の資産・負債・純資産の科目は、期末残高を次年度に繰り越します。
　次年度においては、前年度から繰り越された残高を期首残高として、取引による増加・減少を記録します。

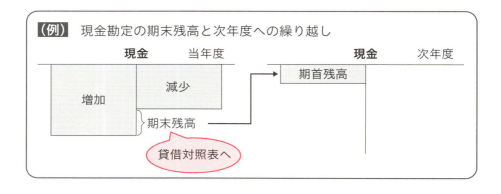

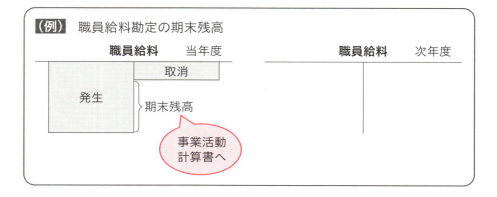

第5章　簿記ってなに？

8 仕訳ってなに？

2つの勘定科目を使って財産の増加・減少を記録するメモ帳

　会計の取引は、「□□したから○○が××円増えた（あるいは減った）。」とあらわされますが、取引をみて、いきなり財産の増加・減少を「勘定」に記入すると、記入漏れなどの間違いがおきるおそれがあるので、まず「仕訳」というものを作成します。

　取引の「□□」と「○○」が増加・減少する財産になりますが、「□□」と「○○」に勘定科目をあてはめて、仕訳を作ります。

　仕訳は、取引による財産の増加・減少を2つの勘定科目を使って記録するメモ帳です。

　なぜ取引を2つの勘定科目であらわすかというと、1つの取引によって2つの財産が増加あるいは減少するからです。

1.　財産の交換の仕訳

　車の購入を例に財産の増加・減少を見てみましょう。

> **設例6**　車を100で購入した。

　車が増加したので、資産の勘定科目「車輌運搬具勘定」を増やします。資産の増加は、（借方）に金額を100と記入します。

47

このとき、もう1つ財産が動いています。

それは代金の支払いです。

車の代金を現金で払っていれば、現金が100減っているので、資産の勘定科目「現金勘定」を減らします。

資産の減少は、(貸方) に金額を100と記入します。

1つの取引で2つの財産が増加または減少していましたね。

第5章 簿記ってなに？

もう1つ、資金の借り入れを例に財産の増加・減少をみてみましょう。

> **設例7** 設備資金として1,000借り入れ、普通預金に入金した。

設備資金の借入金が増加したので、負債の勘定科目「設備資金借入金勘定」を増やします。

負債の増加は、（貸方）に金額を1,000と記入します。

この取引でも、もう1つ財産が動いています。
それは借り入れによる普通預金という資産の増加です。
普通預金が増加したので、資産の勘定科目「普通預金勘定」を増やします。

資産の増加は、（借方）に金額を1,000と記入します。

ここでも1つの取引で2つの財産が増加または減少しました。

> **POINT** 取引によって2つの財産が増加または減少しますが、取引に含まれる2つのことがらを"取引の原因と結果"といいます。

"取引の原因と結果"は「□□したから、〇〇が増えた（あるいは減った）」とあらわされます。

　設例6の「車を購入した。」は「車を買ったから、現金が減った。」とあらわされ、設例7の「借り入れをおこなった。」は「借り入れをしたから、普通預金が増えた。」とあらわされます。

　設例6、設例7の「勘定」の記入をみると、いずれも2つの勘定科目の（借方）もしくは（貸方）に、同じ金額が記入されています。このように取引をおこなうと「勘定」の（借方）と（貸方）が同額動くことから、簿記では、下記の書式で仕訳を作成します。

仕訳の書式

（借方）	金額	（貸方）	金額
勘定科目	×××	勘定科目	×××

前述の設例6、設例7で仕訳を作成すると次のとおりです。

（設例6）

車を100で購入　→　車輌運搬具の増加（＋）
　　　　　　　　→　現金の減少（－）

（借方）	金額	（貸方）	金額
車輌運搬具	100	現金	100

第 5 章 簿記ってなに？

(設例 7)
設備資金を 1,000 借入れ　　→　普通預金の増加（＋）
普通預金に入金　　　　　　→　設備資金借入金の増加（＋）

（借方）	金額	（貸方）	金額
普通預金	1,000	設備資金借入金	1,000

POINT 仕訳では勘定科目を（借方）と（貸方）に並べますが、勘定科目の並べ方は 6「勘定に記入するときのルール」（43 ページ）と同じです。

2. 収益の仕訳

前項では、財産と財産を交換する取引の仕訳を解説しましたが、この場合、純資産（正味の財産）は変わりません。

続いて収益が発生するときの仕訳をみてみましょう。

収益は、サービスを提供して代金が確定したときに発生します。

収益を計上すると財産が増加します。

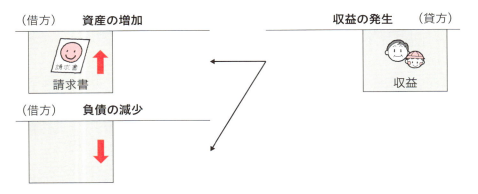

> **設例 8** サービスを提供し、介護報酬を 10 現金で受けとった。

取引に含まれる 2 つのことがら（原因と結果）を読みとります。

サービスを提供して介護報酬を受けとったので、収益の勘定科目「介護報酬収益勘定」を増やします。

収益の発生は、(貸方)に金額を10と記入します。

また、現金を受けとったので、資産の勘定科目「現金勘定」を増やします。
資産の増加は、(借方)に金額を10と記入します。

(借方)	金額	(貸方)	金額
現金	10	介護報酬収益	10

3. 費用の仕訳

続いて費用が発生したときの仕訳をみてみましょう。
費用は品物やサービスを受けとり、使用・消費したときに発生します。

費用を計上すると財産が減少します。

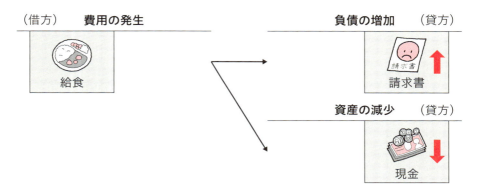

第 5 章　簿記ってなに？

> 設例 9　食材を 30 購入し、普通預金から支払った。

サービスを提供するために食材を購入したので、費用の勘定科目「給食費勘定」を増やします。

費用の発生は、（借方）に金額を 30 と記入します。

また、普通預金から支払ったので、資産の勘定科目「普通預金勘定」を減らします。資産の減少は、（貸方）に金額を 30 と記入します。

（借方）	金額	（貸方）	金額
給食費	30	普通預金	30

9 仕訳の転記と勘定の計算

仕訳の借方科目の金額を勘定の（借方）に記入、
貸方科目の金額を勘定の（貸方）に記入

1. 仕訳の転記

仕訳をもとに勘定に記入することを転記といいます。

実務では仕訳をもとに総勘定元帳を作成しますが、手順は同じです。

設例を用いて、仕訳から勘定（元帳）への転記をみてみましょう。

設例 10 3／31 長期の運営資金を 100 借り入れ、普通預金に入金した。

【仕訳】

日付	（借方）	金額	（貸方）	金額
3／31	普通預金	100	長期運営資金借入金	100

【転記】

	（借方）	普通預金
	3／31	100

【転記】

長期運営資金借入金　（貸方）

3／31　100

第5章　簿記ってなに？

設例 11　3／31 設立時の運転資金の寄付金を 500 普通預金に入金した。

【仕訳】

日付	（借方）	金額	（貸方）	金額
3／31	普通預金	500	施設整備等寄附金収益	500

【転記】
（借方）　　**普通預金**

3／31　　100
3／31　　500

【転記】
施設整備等寄附金収益　　（貸方）

3／31　　500

POINT　仕訳の借方科目の金額を勘定（元帳）の借方に記入すること、貸方科目の金額を勘定（元帳）の貸方に記入すること。

2．勘定の計算

　仕訳を勘定（元帳）に転記した後、勘定（元帳）の借方合計、貸方合計、残高を計算します。

設例 12　設例 10、設例 11 の普通預金勘定、長期運営資金借入金勘定、施設整備等寄附金収益勘定の借方合計、貸方合計、残高を計算しなさい。

(借方)	普通預金		(貸方)
3／31	100		
3／31	500		
借方合計	600		
借方残高	600		

(借方)	長期運営資金借入金		(貸方)
		3／31	100
		貸方合計	100
		貸方残高	100

(借方)	施設整備等寄附金収益		(貸方)
		3／31	500
		貸方合計	500
		貸方残高	500

演習問題 1

次の仕訳を各勘定に転記し、各勘定の残高を計算しなさい。

	（借方）	金額	（貸方）	金額
4／23	現金預金	200	介護報酬収益	200
4／25	職員給料	180	現金預金	180
4／25	現金預金	100	長期運営資金借入金	100
4／30	長期運営資金借入金	10	現金預金	10
4／30	車輌運搬具	100	現金預金	100

第 5 章　簿記ってなに？

（借方）	現金預金	（貸方）
期首残高　600		

（借方）	長期運営資金借入金	（貸方）
	期首残高　100	

（借方）	車輌運搬具	（貸方）

（借方）	基本金	（貸方）
	期首残高　500	

（借方）	職員給料	（貸方）

（借方）	介護報酬収益	（貸方）

解答

（借方）	現金預金	（貸方）
期首残高　600		
4／23　200		
4／25　100	4／25　180	
	4／30　10	
	4／30　100	
	貸方取引計　290	
借方取引計　300		
借方残高　610		

（借方）	長期運営資金借入金	（貸方）
	期首残高　100	
	4／25　100	
4／30　10		
	貸方取引計　100	
	貸方残高　190	

（借方）	車輌運搬具	（貸方）
4／30　100		
借方残高　100		

（借方）	基本金	（貸方）
	期首残高　500	
	貸方残高　500	

（借方）	職員給料	（貸方）
4／25　180		
借方残高　180		

（借方）	介護報酬収益	（貸方）
	4／23　200	
	貸方残高　200	

総勘定元帳

　社会福祉法人の経理規程では、主要簿として総勘定元帳が定められています。

　総勘定元帳は、「勘定」を帳面にして、伝票番号、取引内容（摘要といいます）、相手科目、残高を記入したものです。

　総勘定元帳の書式は以下のとおりです。

勘定科目名(例：現金預金)

日付	伝票No.	摘要	相手科目	借方	貸方	残高

　記入項目が勘定に比べて増えますが、大事なことは仕訳から借方、貸方に転記するという点ですから、基本は勘定への転記と同じです。

　演習問題１解答の現金預金勘定を総勘定元帳にあらわすと次頁のとおりです。

第5章 簿記ってなに？

現 金 預 金

日付	伝票No.	摘要	相手科目	借方	貸方	残高
4/1	略	前期繰越		600		借 600
4/23	〃	介護報酬の受けとり	介護報酬収益	200		借 800
4/25	〃	職員給料の支給	職員給料		180	借 620
4/25	〃	長期運営資金借入金の入金	長期運営資金借入金	100		借 720
4/30	〃	長期運営資金借入金の返済	長期運営資金借入金		10	借 710
4/30	〃	車両の購入	車輌運搬具		100	借 610
		小計		900	290	
4/30		次月繰越			610	
		合計		900	900	

　総勘定元帳は勘定科目毎に、いつ、どういう取引によって、いくら増えたか、あるいは減ったか、その結果、残高がいくらになったかをあらわします。

　総勘定元帳をみると、勘定科目毎に財産の増加あるいは減少の履歴がすべてわかります。

　収益、費用の総勘定元帳においては、勘定科目毎に収益または費用の発生あるいは取り消しの履歴がすべてわかります。

10 試算表の作成

仕訳の転記、各勘定の計算が正しいか点検するための一覧表

　仕訳の転記、各勘定の借方合計、貸方合計、残高の計算が正しくおこなわれているか点検するために、簿記では「試算表」を作成します。

　先の設例で作成した勘定から合計残高試算表を作成してみましょう。

【勘定】

現金預金

期首残高	600				
4／23	200				
4／25	100	4／25	180		
		4／30	10		
		4／30	100		
		貸方取引計	290	Ⓗ	
Ⓐ 借方取引計	300				
Ⓑ 借方残高	610				

長期運営資金借入金

		期首残高	100	
Ⓔ 4／30	10	4／25	100	
		貸方取引計	100	Ⓘ
		貸方残高	190	Ⓙ

車輌運搬具

Ⓒ 4／30	100	
Ⓓ 借方残高	100	

基本金

期首残高	500	
貸方残高	500	Ⓚ

職員給料

Ⓕ 4／25	180	
Ⓖ 借方残高	180	

介護報酬収益

4／23	200	Ⓛ
貸方残高	200	Ⓜ

※本ページの勘定科目に付したⒶ～Ⓜは、試算表（63ページ）のⒶ～Ⓜ、決算書（64ページ）のⒷⒹⒿⓀⓂⒼにそれぞれ対応します

第 5 章　簿記ってなに？

【試算表】

合計残高試算表

×年 4 月 30 日

借方			勘定科目	貸方		
残高	取引計	前月繰越		前月繰越	取引計	残高
Ⓑ 610	Ⓐ 300	600	現金預金		Ⓗ 290	
Ⓓ 100	Ⓒ 100		車輌運搬具			
	Ⓔ 10		長期運営資金借入金	100	Ⓘ 100	Ⓙ 190
			基本金	500		Ⓚ 500
			介護報酬収益		Ⓛ 200	Ⓜ 200
Ⓖ 180	Ⓕ 180		職員給料			
890	590	600		600	590	890

借方取引計 ＝ 貸方取引計
取引残高 ＝ 貸方残高　を確認

伝票と証憑

伝票：仕訳を記入する様式です。会計伝票ともいいます。実務では伝票にもとづいて帳簿（総勘定元帳、勘定票のこと）を作成します。
証憑：取引事実をあらわす証拠書類のことであり、請求書、納品書、領収書などの総称です。
起票：会計伝票を作成することです。証憑にもとづいて起票します。
証憑の保存：伝票との関係が明らかになるように保存します。たとえば、伝票に貼付して保存するか、あるいは別綴りのときは、伝票番号を証憑に記入するなど関連づけをおこないます。

11 貸借対照表と事業活動計算書の作成

決算試算表にもとづいて作成

試算表にもとづいて、貸借対照表と事業活動計算書を作成します。
先の設例で作成した合計残高試算表から作成してみましょう。

【決算書】

貸借対照表
×年4月30日現在

勘定科目	金額	勘定科目	金額
現金預金	ⓑ610	長期運営資金借入金	ⓙ190
車輌運搬具	ⓓ100	負債合計	190
		基本金	ⓚ500
		次期繰越活動増減差額	20
		（うち当期活動増減差額）	(20)
		純資産合計	520
資産合計	710	負債・純資産合計	710

事業活動計算書
×年4月1日～×年4月30日

	勘定科目	金額
収益	介護報酬収益	ⓜ200
	収益合計	200
費用	職員給料	ⓖ180
	費用合計	180
	当期活動増減差額	20
	次期繰越活動増減差額	20

一致

以上、簿記の一連の流れをあらわすと以下の図のとおりです。

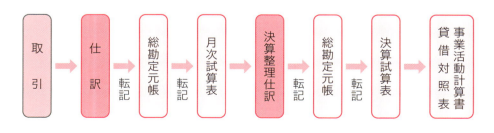

取引 → 仕訳 →（転記）総勘定元帳 →（転記）月次試算表 → 決算整理仕訳 →（転記）総勘定元帳 →（転記）決算試算表 → 事業活動計算書・貸借対照表

第6章

現金預金の会計処理

■ 現金預金の会計処理

現金預金の会計処理

現金、小口現金、普通預金、定期預金の増加は（借方）に記入、減少は（貸方）に記入

　前章で、取引から仕訳の作成、帳簿記入そして試算表ならびに決算書の作成まで一連の流れを解説しました。

　本章からは個別の取引ごとに仕訳の作成手順を解説します。

　まず現金預金の増加・減少の仕訳を解説します。

1．現金預金の科目

　現金預金は現金、預金、貯金などをあらわします。実務上、「現金」「小口現金」「普通預金」など現金出納帳毎、預金口座毎に補助科目（小区分科目といいます）を設けます。

2.「現金」の処理

　「現金」は受けとり用の現金をあらわす科目です。

　「現金」の会計処理は以下のとおりです。

　現金の増加は「現金勘定」の（借方）に記入します。

　現金の減少は「現金勘定」の（貸方）に記入します。

第6章 現金預金の会計処理

設例13 現金が10増えた。

| (借方)現 金 | 10 | (貸方) ? | 10 |

設例14 現金が10減った。

| (借方) ? | 10 | (貸方)現 金 | 10 |

演習問題2
次の仕訳をおこないなさい。
　①寄付金10を現金で受け取った。
　②現金10を普通預金に預け入れた。

解答

①	(借方)現金	10	(貸方)経常経費寄附金収益	10
②	(借方)普通預金	10	(貸方)現金	10

3.「小口現金」の処理

「小口現金」は、支払い用の現金をあらわす科目です。
「小口現金」の会計処理は以下のとおりです。

設例 15 小口現金を 10 補充した。

(借方)　**小口現金の増加**　　　　　　　　　　　　　　　　　**?**　　　　(貸方)

| 10 現金 | | 10 | |

(借方)小口現金	10	(貸方)　?	10

小口現金の増加は「小口現金勘定」の（借方）に記入します。

設例 16 費用 5 を小口現金から支払った。

小口現金の減少は「小口現金勘定」の（貸方）に記入します。

小口現金は経費の支払いに使用するので、（借方）は通常、費用科目になります。

> **POINT** 伝票の日付は領収書の日付ではなく、小口現金から支払った日になります。

演習問題 3

小口現金出納帳をみて次の仕訳をおこないなさい。

① 4／1　小口現金の補充の仕訳
② 4／12　職員 B の交通費支払の仕訳

小口現金出納帳

拠点区分　　△△園
×1年　4月分

月	日	摘要	入金	出金	残高	証憑No.
4	1	前月より繰越	5		5	
	1	小口現金補充	95		100	
	12	職員B交通費		30	70	1)
	16	切手代		40	30	2)
	20	事務用品代		20	10	3)
		小　　　計	100	90		
		次月繰越		10		
		合　　　計	100	100		

解答

① 4/1

② 4/12

4. 預金の処理

　預金の増加は「預金勘定」の（借方）に記入し、預金の減少は「預金勘定」の（貸方）に記入します。
　「預金」の会計処理は以下のとおりです。

設例17　普通預金に 100 振り込まれた。

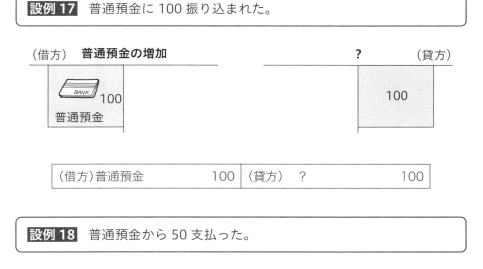

設例18　普通預金から 50 支払った。

演習問題4

次の仕訳をおこないなさい。

①運営費の補助金100が普通預金に振り込まれた。

②園児の玩具代金50を普通預金から支払った。

解答

①

（借方）普通預金　　　　100	（貸方）補助金事業収益　　　100
普通預金	（公費）
	補助金

②

（借方）保育材料費　　　　50	（貸方）普通預金　　　　　　50
保育材料	普通預金

第7章

事業収益の会計処理

1 入金時に収益を計上する会計処理
2 期中から請求時に収益を計上する会計処理
3 国保連に対する事業収益の会計処理
4 利用者に対する事業収益の会計処理
5 介護保険事業の収益科目
6 補助金事業収益の会計処理
7 受託事業収益の会計処理

1 入金時に収益を計上する会計処理

> 期中は入金があったときに収益を計上し、
> 決算時は請求にもとづいて収益を計上

　保育所の委託費や措置施設の措置費などを受けとったときには、収益を仕訳の右側（貸方）に記入します。

1. 期中の処理

> **設例 19**　保育園で6月分の委託費300が普通預金に振り込まれた。

（1）まず普通預金の増加を仕訳の（借方）に記入

| （借方）普通預金 | 300 | （貸方）　？ | 300 |

（2）貸方の科目

保育所委託費の受けとりなので、収益の勘定科目「委託費収益勘定」を増やします。

収益の発生は、（貸方）に記入します。

| （借方）普通預金 | 300 | （貸方）委託費収益 | 300 |

2. 決算時の処理

入金時に収益を計上している法人も、決算のときは請求にもとづいて収益の会計処理をおこなわなければなりません。

設例 20　保育園で当年度の委託費の精算額を 50 請求した。

（1）請求書にもとづいて収益を（貸方）に記入

| （借方）　？ | 50 | （貸方）委託費収益 | 50 |

（2）借方の科目

お金を受け取っていないので（借方）は普通預金にはなりません。
後日、委託費を受けとるので、"未だ収受していないお金"として資産の勘定科目「事業未収金勘定」を増やします。

（借方）**事業未収金の増加**　　　　　　　**委託費収益の発生**（貸方）

| （借方）事業未収金 | 50 | （貸方）委託費収益 | 50 |

第7章　事業収益の会計処理

演習問題5

保育事業における次の仕訳をおこないなさい。

①6月分の委託費 500 が普通預金に振り込まれた。

②決算にあたり当年度の委託費の精算額 50 を〇〇市に請求した。

解答

①	（借方）普通預金	500	（貸方）委託費収益	500
②	（借方）事業未収金	50	（貸方）委託費収益	50

演習問題6

措置施設における次の仕訳をおこないなさい。

①6月分措置費事務費 500 が普通預金に振り込まれた。

②決算にあたり当年度の措置費事務費の精算額 50 を〇〇市に請求した。

解答

①	（借方）普通預金	500	（貸方）事務費収益	500
②	（借方）事業未収金	50	（貸方）事務費収益	50

2 期中から請求時に収益を計上する会計処理

サービスを提供した月の収益として請求にもとづいて収益を計上

　収益は、原則的にはサービスを提供したときに発生し、請求書にもとづいて計上します。 会計では請求時に収益を計上することを発生主義といいます。

> **設例 21**　介護保険事業で 3 月分の介護報酬 500 を国民健康保険団体連合会（以下、国保連という。）に請求した。

(1) 請求書にもとづいて介護報酬収益を（貸方）に記入

(2) 借方の科目

　　後日、介護報酬を受けとるので、「事業未収金」を増加します。

第 7 章 事業収益の会計処理

(借方) 事業未収金の増加	介護報酬収益の発生 (貸方)
請求書	サービス

| (借方)事業未収金 | 500 | (貸方)介護報酬収益 | 500 |

設例 22 5月になり3月分の介護報酬500が普通預金に振り込まれた。

(1) まず普通預金の増加を仕訳の（借方）に記入

| (借方)普通預金 | 500 | (貸方)　？ | 500 |

(2) 貸方の科目

請求時に介護報酬収益を計上しているので、収益の科目ではありません。事業未収金が入金になったので「事業未収金勘定」を減らします。

(借方) 普通預金の増加	事業未収金の減少 (貸方)
普通預金	請求書

| (借方)普通預金 | 500 | (貸方)事業未収金 | 500 |

演習問題 7

介護保険事業における次の仕訳をおこないなさい。

① 6 月分の介護報酬を 1,000 国保連に請求した。

②上記①の介護報酬のうち 950 が普通預金に振り込まれた。

解答

①	（借方）事業未収金	1,000	（貸方）介護報酬収益	1,000
②	（借方）普通預金	950	（貸方）事業未収金	950

演習問題 8

障害福祉サービス事業における次の仕訳をおこないなさい。

① 6 月分の介護給付費を 1,000 国保連に請求した。

②上記①の介護給付費のうち 950 が普通預金に振り込まれた。

解答

①	（借方）事業未収金	1,000	（貸方）介護給付費収益	1,000
②	（借方）普通預金	950	（貸方）事業未収金	950

第7章 事業収益の会計処理

入金時に収益を計上するのは誤りか？

収益を入金時に計上すると、サービスを提供した月と収益を計上する月が一致しなくなります。

決算書とともに、理事会、評議員会には事業報告書が提出されますが、事業報告書では、3月のサービス提供は3月の実績として報告されています。

決算書を事業報告書とあわせるには、入金の有無にかかわらず、収益はサービスを提供した月に請求にもとづいて計上するべきです。

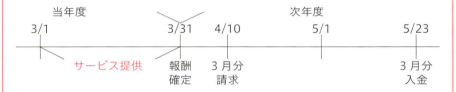

事業報告書	3月の実績として報告
	会計処理
発生主義	(借方)事業未収金　(貸方)介護報酬収益
入金時	何も処理しない

事業報告書	なし
	会計処理
発生主義	(借方)現金預金　(貸方)事業未収金
入金時	(借方)現金預金　(貸方)介護報酬収益

事業報告書と決算書の一致	
発生主義	○
入金時	×

事業報告書と決算書の一致	
発生主義	○
入金時	×

3 国保連に対する事業収益の会計処理

> 国保連の審査の概要と過誤決定、返戻、保留、審査増減の会計処理

1. 事業未収金の小区分科目

　介護保険事業あるいは障害福祉サービス事業では、請求先が国保連、利用者、地方公共団体などに分かれるので、「事業未収金」に請求先をあらわす小区分科目を設定することがのぞまれます。

小区分科目例	内容
事業未収金(国保連)	国保連への請求に基づく未収金
事業未収金(利用者)	利用者への請求に基づく未収金
事業未収金(その他)	地方公共団体等、上記以外の相手先への請求に基づく未収金(補助金の未収を除く)

2. 国保連の審査の概要

　国保連では保険者(市区町村)から請求の審査を受託しており、審査を経て支払手続きがとられます。
　審査の結果、国保連から支払われれば事業未収金が減りますが、支払われないと次月に繰り越されます。

①審査の結果、請求書に問題なし
　⇒　全額入金

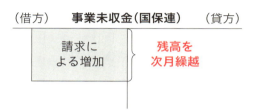

②審査の結果、請求書に不備
　⇒　**返戻**
　⇒　残高を次月に繰り越し

③国保連で審査できなかった
　⇒　**保留**
　⇒　残高を次月に繰り越し

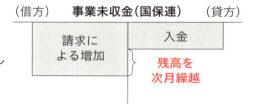

④請求が給付管理票を上回っていた
　⇒　**審査増減**
　⇒　一部入金
　⇒未入金残高を次月に繰り越し

②③④のときは事業未収金（国保連）の残高が次月に繰り越されます。

3．請求の取り下げの処理

国保連に請求した後で、請求を取り下げたときは、会計上も、誤った収益

を取り消さなければなりません。

> **設例 23** 国保連に対する介護報酬請求を 50 取り下げた。

（1）請求の取り下げによる介護報酬収益の取り消し

収益を取り消すときは、仕訳の左側（借方）に記入します。

| （借方）介護報酬収益 | 50 | （貸方） ？ | 50 |

（2）貸方の科目

請求の取り下げにともない、国保連から受けとるお金が減るので「事業未収金勘定」を減らします。資産の減少は、（貸方）に記入します。

（借方）**介護報酬収益の取消**　　　　　　　**事業未収金（国保連）の減少**（貸方）

| （借方）介護報酬収益 | 50 | （貸方）事業未収金（国保連） | 50 |

第7章 事業収益の会計処理

収益を計上する仕訳と（借方）、（貸方）を逆にした仕訳により、「介護報酬収益」も「事業未収金（国保連）」も相殺消去されます。

4.「過誤決定」の処理

過去の請求に過誤があり、国保連の支払決定額から過誤決定額が差し引かれたときは、過誤請求による収益を取り消します。
すでに入金済みの報酬の返還であり、前述3．請求の取り下げの会計処理とは異なります。

設例24 過去の請求に過誤が100あり、過誤決定になった。

（1）過誤決定額をもとに普通預金の減少を（貸方）に記入

> **POINT** 過誤決定額は支払決定額から差し引かれるので、普通預金の減少として会計処理します。

(2) 借方の科目

過去の収益に誤りがあったので、収益を取り消します。

| (借方)介護報酬収益 | 100 | (貸方)普通預金 | 100 |

（補足）過年度の収益にかかる過誤決定

　過年度の介護報酬にかかる過誤決定の場合は、重要性が乏しい場合を除いて、（借方）を「介護報酬収益」ではなく「その他の特別損失」にして、過年度の収益の修正として会計処理します。

| (借方)その他の特別損失 | ××× | (貸方)普通預金 | ××× |

5.「返戻」の会計処理

　前述 2. の国保連の審査の結果、請求が返戻となったときは、請求書の不備を修正して再度請求します。

　会計上は、再請求による事業未収金と当初の請求による事業未収金が、二重計上とならないように処理しなければなりません。

第7章　事業収益の会計処理

返戻再請求は、会計処理の方法が複数考えられるので、一例を紹介します。

> **設例25**　前月に介護報酬を100国保連へ請求したが、請求内容に誤りがあったために返戻となった。当月に正しい介護報酬90に修正して再請求した。

（1）再請求の請求書にもとづいて介護報酬収益を計上

上記の返戻再請求にかかる収益を計上した後の「事業未収金（国保連）」残高は、以下のとおり、当初の請求と再請求が二重になります。

（2）当初の請求にかかる介護報酬収益の取り消し

再請求にともない当初の請求を取り下げているので、会計上も、当初の収益を取り消します。

（借方）介護報酬収益	（貸方）事業未収金（国保連）
100	100
原請求額	原請求額

当初の収益を取り消した後の「事業未収金（国保連）」の残高は、以下のとおり、再請求による事業未収金（国保連）だけが残ります。

> **POINT：**
> ・当初の請求にかかる収益の取り消し処理が漏れると、事業未収金の二重計上となり、誤った残高になる。
>
> ・上述の会計処理の代わりに、当初の請求と再請求の差額を収益に計上あるいは収益の取り消しとしても差し支えない。
>
> ・請求額が変わらない場合は、再請求の会計処理をしないこととしても差し支えない。

第7章　事業収益の会計処理

6.「保留」の会計処理

　保留は、国保連での審査がまだおこなわれていない状態なので、請求に誤りがあり収益を取り消す場合を除き、何も会計処理しません。

　返戻になったときは、「5. 返戻再請求」の会計処理をおこないます。

7.「審査増減」の会計処理

　請求が給付管理票を上回った理由により、会計処理が異なります。

　給付管理票が修正されるのを待つときは、「6. 保留」と同様に何も会計処理しません。

　請求書を修正して再請求するときは、「5. 返戻再請求」と同様に会計処理します。

演習問題9

　介護保険事業における次の仕訳をおこないなさい。

　　①前月の介護報酬の請求に誤りが 50 あり、国保連の請求を取り下げた。

　　②当年度の過去月の請求に過誤があり、当月の支払決定額から過誤決定額 150 が差し引かれた。

　　③介護報酬 1,000 の審査の結果、返戻 30、保留 10 の通知を受け、支払決定額 960 が普通預金に振り込まれた。

　　④上記③の返戻 30 に関して、請求額を 20 に修正して再請求した。

　　⑤上記③の保留 10 に関して、ケアマネに給付管理票の提出を依頼した。

解答

①	（借方）介護報酬収益	50	（貸方）事業未収金（国保連）	50
②	（借方）介護報酬収益	150	（貸方）普通預金	150
③	（借方）普通預金	960	（貸方）事業未収金（国保連）	960
④	（借方）事業未収金（国保連）	20	（貸方）介護報酬収益	20
	介護報酬収益	30	事業未収金（国保連）	30
⑤	何も会計処理しない。			

演習問題 10

障害福祉サービス事業における次の仕訳をおこないなさい。

①前月の介護給付費の請求に誤りが 50 あり、国保連の請求を取り下げた。

②当年度の過去月の請求に過誤があり、当月の支払決定額から過誤決定額 150 が差し引かれた。

③介護給付費 1,000 の審査の結果、返戻 40 の通知を受け、支払決定額 960 が普通預金に振り込まれた。

④上記③の返戻 40 に関して、請求額を 20 に修正して再請求した。

解答

①	（借方）介護給付費収益	50	（貸方）事業未収金（国保連）	50
②	（借方）介護給付費収益	150	（貸方）普通預金	150
③	（借方）普通預金	960	（貸方）事業未収金（国保連）	960
④	（借方）事業未収金（国保連）	20	（貸方）介護給付費収益	20
	介護給付費収益	40	事業未収金（国保連）	40

4 利用者に対する事業収益の会計処理

> サービスを提供した月の収益として請求にもとづいて収益を計上

　利用者にたいする請求も、原則的には、サービスを提供した月に請求にもとづいて収益の処理をおこないます。

> **設例 26**　介護保険事業で3月分の利用者負担金を60請求した。

（1）請求書にもとづいて利用者負担金収益を計上

| （借方）　？ | 60 | （貸方）利用者負担金収益（一般） | 60 |

（2）借方の科目

　後日、利用者からお金を受け取るので「事業未収金（利用者）勘定」を増やします。資産の増加は（借方）に記入します。

（借方）**事業未収金（利用者）の増加**　　　　利用者負担金収益（一般）の発生（貸方）

| （借方）事業未収金（利用者） | 60 | （貸方）利用者負担金収益（一般） | 60 |

5 介護保険事業の収益科目

**中区分科目はサービスの種類をあらわし、
小区分科目は収益の負担者をあらわします。**

介護保険事業収益の科目を一覧にあらわすと以下のとおりです。

請求先		施設サービス	居宅サービス	地域密着型サービス	介護予防・日常生活支援総合事業
代表的なサービス通称		・特別養護老人ホーム（特養、長期） ・老人保健施設（老健）	・短期入所（ショートステイ、ショート、短期） ・通所介護（デイサービス、デイ） ・訪問介護（ホームヘルパー、ヘルパー）	・認知症対応型通所介護（認知デイ） ・認知症対応型共同生活介護（グループホーム） ・地域密着型特養	・日常生活支援 ・第1号訪問介護 ・第1号通所
【介護料収益】	【中区分科目】	施設介護料収益	居宅介護料収益	地域密着型介護料収益	介護予防・日常生活支援総合事業費収益
	【小区分科目】保険の請求	介護報酬収益	介護報酬収益	介護報酬収益	
			介護予防報酬収益	介護予防報酬収益	事業費収益
	公費の請求	利用者負担金収益（公費）	介護負担金収益（公費）	介護負担金収益（公費）	
			介護予防負担金収益（公費）	介護予防負担金収益（公費）	事業負担金収益（公費）

第7章　事業収益の会計処理

請求先		施設サービス	居宅サービス	地域密着型サービス	介護予防・日常生活支援総合事業
【介護料収益】	【小区分科目】利用者負担	利用者負担金収益(一般)	介護負担金収益(一般)	介護負担金収益(一般)	
			介護予防負担金収益(一般)	介護予防負担金収益(一般)	事業負担金収益(一般)
【食費・居住費】	【中区分科目】	利用者等利用料収益			
	【小区分科目】保険の請求	食費収益(特定)			
		居住費収益(特定)			
	公費の請求	食費収益(公費)			
		居住費収益(公費)			
	利用者負担	食費収益(一般)			
		居住費収益(一般)			
【日常生活費】	利用者負担	施設サービス利用料収益	居宅介護サービス利用料収益	地域密着型介護サービス利用料収益	介護予防・日常生活支援総合事業利用料収益
【個人選定費】	利用者負担	その他の利用料収益			

請求先		居宅介護支援事業
代表的なサービス		・居宅介護支援(ケアマネ) ・介護予防支援(予防ケアマネ)
【介護料収益】	【中区分科目】	居宅介護支援介護料収益
	【小区分科目】保険の請求	居宅介護支援介護料収益
		介護予防支援介護料収益

6 補助金事業収益の会計処理

補助金の目的事業が完了し、補助金額が確定したときに収益を計上

　社会福祉施設等の運営費にたいして補助金を受けることがあります。補助金を受けとったときも、収益を仕訳の（貸方）に計上します。

1. 入金時に収益を計上するときの処理

> **設例 27**　保育園で6月分の運営費補助金 300 が普通預金に振り込まれた。

（1）まず普通預金の増加を（借方）に記入

（借方）普通預金	300	（貸方）　？	300

（2）貸方の科目

　運営費補助金は、収益の勘定科目「補助金事業収益（公費）勘定」を増やします。

　収益の発生は、（貸方）に記入します。

第7章 事業収益の会計処理

(借方) **普通預金の増加** 　　　　　補助金事業収益(公費)の発生（貸方）

(借方)普通預金　　　300	(貸方)補助金事業収益(公費)　300

2. 決算時の処理

決算のときは、補助金の交付対象年度にあわせて収益を計上します。

「補助金の交付年度」　補助金の精算　➡　 補助金

「代金の確定」　補助金請求書送付　➡　 請求書

設例 28 保育園で当年度の運営費補助金の精算額を 30 請求した。

(1) 補助金精算書類にもとづいて補助金事業収益を計上

(借方)　　？　　　　　　　補助金事業収益(公費)の発生（貸方）

補助金

95

| (借方) ？ 30 | (貸方)補助金事業収益(公費) 30 |

(2) 借方の科目

後日、補助金を受けとるので"未だ収受していない補助金"として「未収補助金」という資産を増加します。

| (借方)未収補助金 30 | (貸方)補助金事業収益(公費) 30 |

3. 補助金事業収益の計上はいつ？

補助金事業収益は、補助金の目的事業が完了した時点で、補助金の確定額にもとづいて計上します。
したがって目的事業の完了と補助金の確定が収益の根拠になります。

【補助金の申請から請求までの流れ】

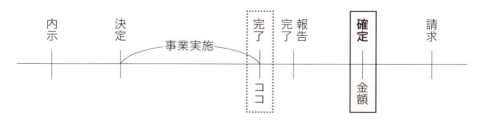

4. 補助金の概算交付と確定額の差額精算

期中に補助金を概算で受けている場合は、年度末の決算時に、すでに入金済の概算交付額と補助金確定額との差額を精算します。

（1）補助金事業収益の計上と未収補助金の増加

期中に補助金を概算で受けている場合で、期末において
概算交付額　＜　補助金確定額　のときは、差額を請求します。
会計上も、**概算交付額と確定額の差額を補助金事業収益に計上します。**

（借方）**未収補助金の増加**　　　　　　補助金事業収益(公費)の発生（貸方）

| （借方）未収補助金　　××× | （貸方）補助金事業収益(公費)　××× |

（2）補助金事業収益の取り消しと事業未払金の増加

（1）とは逆に　概算交付額　＞　補助金確定額　のときは、差額を返します。

補助金を返すのは次年度ですが、会計上は、**補助金の確定額によって収益を計上するため、概算交付額と確定額の差額を補助金事業収益から取り消します。**

また、次年度に返さなければならない債務が増えるので、負債の勘定科目「事業未払金勘定」を増やします。

（借方）補助金事業収益(公費)の取消　　　　　事業未払金の増加（貸方）

（借方）補助金事業収益(公費)	×××	（貸方）事業未払金	×××

5. 補助金事業の利用者負担の処理

保育所の補助金事業としておこなわれる延長保育事業のように、利用者（保護者）が一部負担する場合は、**利用者（保護者）からの収益を「補助金事業収益（一般）」に計上します**。

> **設例 29**　保育園で3月分の延長保育事業にかかる保護者負担を10請求した。

（借方）**事業未収金の増加**　　　　　　補助金事業収益(一般)の発生（貸方）

（借方）事業未収金	10	（貸方）補助金事業収益(一般)	10

6. 補助金事業収益の科目

　補助金事業収益は、国および地方公共団体が、社会福祉事業にかかる費用をどれだけ負担したかわかるように、以下のとおり、小区分科目が設けられています。

事業種別		介護保険事業	老人福祉事業	児童福祉事業	保育事業	障害福祉サービス事業
大区分科目		介護保険事業収益	老人福祉事業収益	児童福祉事業収益	保育事業収益	障害福祉サービス等事業収益
中区分科目		その他の事業収益	運営事業収益	その他の事業収益	その他の事業収益	その他の事業収益
小区分科目	国・地方公共団体の負担	補助金事業収益(公費)				
	上記以外利用者負担含む	補助金事業収益(一般)				

演習問題 11

補助金事業にかかる次の仕訳をおこないなさい。

①○○市から延長保育補助事業の補助金 500 が普通預金に振り込まれた。

②保護者から延長保育事業の負担金 10 を現金で受けとった。

③決算にあたり、○○市に補助金精算額 100 を請求した。

解答

①	（借方）普通預金	500	（貸方）補助金事業収益（公費）	500
②	（借方）現金	10	（貸方）補助金事業収益（一般）	10
③	（借方）未収補助金	100	（貸方）補助金事業収益（公費）	100

第 7 章　事業収益の会計処理

7　受託事業収益の会計処理

委託料の未執行額を返還する条項がある場合は、決算時に、未執行額を返すための処理をおこなう。

　社会福祉法人は、地方公共団体との委託契約にもとづいて、事業を受託することがあります。

　委託契約にもとづく委託料は補助金とは異なり、事業実施の対価であり、委託費の請求にもとづいて収益を計上します。

1.　請求時に収益を計上する処理

> **設例 30**　○○市にたいして委託契約にもとづく委託料を 200 請求した。

（1）請求書にもとづいて収益を計上

　市区町村にたいする委託料は「受託事業収益（公費）」に計上します。

（借方）事業未収金（その他） 200	（貸方）受託事業収益（公費） 200

> **設例 31**　委託事業にかかる利用料を 100 利用者に請求した。

(1) 請求書にもとづいて収益を計上

受託事業にかかる利用者負担は「受託事業収益（一般）」に計上します。

（借方）事業未収金（利用者） 100	（貸方）受託事業収益（一般） 100

2. 年度末の委託料の精算処理

市区町村との委託契約にもとづく事業は、市区町村が実施主体者であり、社会福祉法人は事務処理を受託する立場にあります。

したがって、社会福祉法人が事業を受託するのにかかった費用は、市区町村が全額負担しますが、委託料の使い残りは社会福祉法人の儲けとならず、基本的には市区町村に返すべきお金となります。

ただし委託料の使い残りを市区町村に返すか、あるいは社会福祉法人において繰り越すかは、市区町村との委託契約書の規定にしたがいます。

委託契約書に、委託料の未執行額を返還する条項（いわゆる精算条項）が定められている場合は、決算の時に委託料の未執行額を返すための会計処理をおこないます。

> **設例 32** 決算にあたり、委託料の未執行額 50 を市に返還することになった。

委託料を返すのは次年度ですが、**会計上は、委託料の確定額によって収益を計上するため、返還額を受託事業収益から取り消します。**

また次年度に返さなければならない債務が増えるので、負債の勘定科目「事業未払金勘定」を増やします。

(借方) 受託事業収益（公費）の取消　　　事業未払金の増加 (貸方)

| (借方)受託事業収益(公費) | 50 | (貸方)事業未払金 | 50 |

3. 受託事業収益の科目

　国、地方公共団体からの委託料と利用者からの利用料を区別するように小区分科目が設けられています。

事業種別		介護保険事業	児童福祉事業	保育事業	障害福祉サービス事業
大区分科目		介護保険事業収益	児童福祉事業収益	保育事業収益	障害福祉サービス等事業収益
中区分科目		その他の事業収益	その他の事業収益	その他の事業収益	その他の事業収益
小区分科目	国・地方公共団体	受託事業収益(公費)			
	利用者	受託事業収益(一般)			

演習問題12

受託事業にかかる次の仕訳をおこないなさい。

①○○市に委託料を500請求した。

②利用者に委託事業の利用料を10請求した。

③決算にあたり委託料の未執行額100を返還することとなった。

解答

①	（借方）事業未収金（その他）500	（貸方）受託事業収益（公費）500
②	（借方）事業未収金（利用者）　10	（貸方）受託事業収益（一般）　10
③	（借方）受託事業収益（公費）100	（貸方）事業未払金　　　　　　100

第 8 章

事業費、事務費の会計処理

1 支払時に費用を計上する会計処理
2 期中から請求にもとづいて費用を計上する会計処理
3 事業費の科目
4 事務費の科目

1 支払時に費用を計上する会計処理

> 期中は代金を支払ったときに費用を計上し、
> 決算時は請求書にもとづいて費用を計上

　給食材料や水道光熱費、電話代や事務用品など、代金を支払ったときに、費用を仕訳の左側（借方）に記入します。

1. 期中の処理

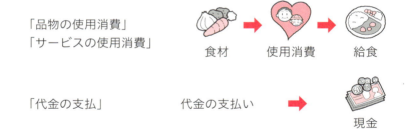

「品物の使用消費」
「サービスの使用消費」　　食材　使用消費　給食

「代金の支払」　　　　　　代金の支払い　　現金

> **設例33**　保育園で6月分の野菜代200を普通預金から支払った。

(1) まず普通預金の減少を仕訳の（貸方）に記入

（借方）　？	200	（貸方）普通預金	200

（2）借方の科目

　サービスを提供するために野菜を購入したので、費用の勘定科目「給食費勘定」を増やします。費用の発生は、（借方）に記入します。

| （借方）給食費 | 200 | （貸方）普通預金 | 200 |

2. 決算時の処理

　支払時に費用を計上している法人も、決算のときは、請求書にもとづいて費用の会計処理をおこなわなければなりません。

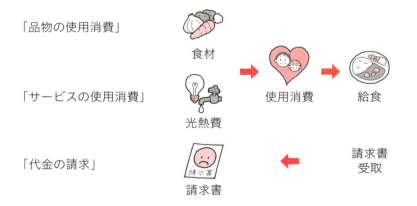

設例 34　保育園で 3 月分電気代 50 の料金通知を受けとった。
　　　　保育園では電気代を全額事業費に計上している。

(1) 料金通知にもとづいて費用を（借方）に記入

(2) 貸方の科目

　　お金を支払っていないので（貸方）は普通預金にはなりません。
　　後日、代金を支払わなければならないので、"未だ払っていないお金"として、負債の勘定科目「事業未払金勘定」を増やします。
　　負債の増加は、（貸方）に記入します。

（借方）**水道光熱費の発生**　　　　　　　　　**事業未払金の増加**（貸方）

| （借方）水道光熱費（事業費）　50 | （貸方）事業未払金　　　　　50 |

第 8 章　事業費、事務費の会計処理

演習問題 13

次の仕訳をおこないなさい。

①切手を 10 購入し、小口現金から支払った。

②決算にあたって、3 月分の電話代 30 の請求を受けた。

解答

①	（借方）通信運搬費	10	（貸方）小口現金	10
	通信費		現金	
②	（借方）通信運搬費	30	（貸方）事業未払金	30
	通信費		請求書	

2 期中から請求にもとづいて費用を計上する会計処理

> 使用・消費した月の費用として請求書に
> もとづいて費用を計上

　費用は、原則的には、品物を購入して事業に使ったとき、あるいは業者から役務の提供（サービス）を受けたときに発生し、請求書にもとづいて計上します。

　会計では使用・消費時に費用を計上することを発生主義といいます。

> **設例35**　介護事業で6月分の米代として400の請求を受けた。

(1) 請求書にもとづいて給食費を計上

(2) 貸方の科目

後日、代金を支払わなければならないので、負債の勘定科目「事業未払金勘定」を増やします。

負債の増加は、(貸方) に記入します。

(借方) **給食費の発生**　　　　　　　　**事業未払金の増加** (貸方)

(借方)給食費	400	(貸方)事業未払金	400

設例36 7月になり6月分の米代400を普通預金から支払った。

(1) まず普通預金の減少を仕訳の (貸方) に記入

(借方)　?	400	(貸方)普通預金	400

（2）借方の科目

請求時に給食費を計上しているので、費用の科目ではありません。事業未払金を支払ったので「事業未払金勘定」を減らします。
負債の減少は、（借方）に記入します。

（借方）**事業未払金の減少**　　　　　　　　　　**普通預金の減少**　（貸方）

| （借方）事業未払金 | 400 | （貸方）普通預金 | 400 |

演習問題 14
次の仕訳をおこないなさい。
　①利用者の教養娯楽活動に使用する品物代として 100 の請求を受けた。
　②上記①の代金 100 を普通預金から支払った。

解答

| ① | （借方）教養娯楽費※ | 100 | （貸方）事業未払金 | 100 |
| ② | （借方）事業未払金 | 100 | （貸方）普通預金 | 100 |

※保育事業は「保育材料費」

費用の発生はいつ？

　費用は、品物を使用消費したときに発生します。
　費用は、純資産を減らす活動ですが、品物を購入した段階では、品物が在庫として存在しており、財産は減っていません。
　厳密には、購入した品物を使用消費したときに財産が減り、費用が発生します。

　たとえば、食材であれば、調理したときに費用になります。

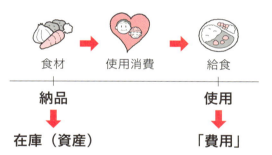

【食材の使用消費】

　しかしながら、このような厳密な方法では、会計事務が煩雑になるので、消耗品の購入は、納品したときに使用・消費したものとして取り扱い、購入時に請求書にもとづいて費用を計上することになりました。
　ただし、就労支援事業や授産事業あるいは売店などにおける販売目的で購入する品物は、販売時点まで費用とはならないため、期末在庫を「商品・製品」という資産に計上します。

3 事業費の科目

利用者の処遇に直接必要な費用

　事業費は、利用者の処遇に直接必要な費用です。

　主な事業費の科目は、以下のとおりです。

(1) 給食費

　食材・食品の購入費、給食を外部委託しているときの食材代。

　給食を外部に委託しているときの調理業務費は「業務委託費」になります。

　また、検食代は、給食費から事務費の「雑費」に振り替えます。

　同様に、職員、来客、ボランティア等の給食費は、「利用者等外給食費」に振り替えます。

(2) 介護用品費

　利用者処遇に直接使用するおむつ、タオル等の介護用品費。

　おむつ、タオルなどの購入の他、リース費用を含むと考えられます。

　なお、保育所では使用しない科目です。

第 8 章　事業費、事務費の会計処理

（3）保健衛生費

　利用者の健康診断、施設内または事業所内の消毒、医療に要する医薬品、診療材料、衛生材料、医療器具（固定資産に該当しないもの）等の費用。

（4）医療費

　利用者が傷病のために医療機関等で診療等を受けた場合の費用。
　なお、保育所では使用しない科目です。

（5）被服費

　利用者の衣類、寝具等（介護用品および日用品を除く）の購入のための費用。
　なお、保育所では使用しない科目です。

（6）教養娯楽費

　利用者のための新聞雑誌等、娯楽用品の購入および行楽演芸会などの実施費用。誕生会費用などが考えられます。
　なお、保育所では使用しない科目です。

（7）日用品費

　利用者に現物で給付する身のまわり品、化粧品などの日用品（介護用品を除く）の費用。
　なお、保育所では使用しない科目です。

115

（8） 保育材料費

　保育に必要な文具材料、絵本等および運動会などの行事実施費用。楽器、運動用具、おもちゃなどが含まれます。

　日誌、児童票などの印刷は「印刷製本費」になります。

（9） 水道光熱費（事業費）

　利用者に直接必要な電気、ガス、水道等の費用。

（10） 燃料費（事業費）

　利用者に直接必要な灯油、重油等の燃料費。

　乗用車、送迎車など車両にかかる燃料費は「車輌費」になります。

（11） 消耗器具備品費

　介護用品以外の利用者の処遇に直接使用する消耗品、器具備品（固定資産に該当しないもの）。

　食器、厨房用品、電気製品、家具、浴室、トイレ用品などが考えられます。

（12） 保険料（事業費）

　利用者に対する損害保険料等。

　施設内の事故に備えた施設損害賠償責任保険料等が考えられます。

　建物などの火災保険料、自動車保険料は「保険料（事務費）」になります。

第8章　事業費、事務費の会計処理

（13）賃借料（事業費）

利用者が利用する器具および備品などのリース料、レンタル料。

カラオケのリース料等があげられます。

おむつ、タオルなどのリースは「介護用品費」になると考えられます。

（14）車輌費

乗用車、送迎用自動車等の燃料費、車検等の費用。

自動車に関連する費用のうち、自動車保険料は事務費の「保険料」、自動車税は事務費の「租税公課」になります。

また自動車の修理費用は事務費の「修繕費」になると考えられます。

（15）雑費（事業費）

事業費のうち他のいずれにも属さない費用を計上します。

雑費は支払内容が不明瞭になるため少額であることが求められます。

4 事務費の科目

その他事業所の運営に必要となる費用

事務費は、その他事業所の運営に必要となる費用です。
主な事務費の科目は以下のとおりです。

(1) 福利厚生費

役員・職員が福利施設を利用する場合の事業主負担分、健康診断その他福利厚生のための費用。

職員健康診断料、職員懇親会費用負担金、職員旅行負担金、職員慶弔見舞金、福利厚生センター掛け金などがあげられます。

なお、保育所、措置施設においては、職員懇親会費用、職員旅行費用などを委託費収益、措置費収益から負担することに制限があると解されるため、費用の負担は慎重におこなう必要があります。

(2) 職員被服費

職員に支給または貸与するユニフォーム等の購入、洗濯等の費用。

第 8 章　事業費、事務費の会計処理

(3) 旅費交通費

業務にかかる役職員の出張旅費および交通費（研究・研修旅費を除く）。

旅費の支給は旅費規程によって計算されますが、旅費規程に規定された旅費日当も旅費交通費に含まれます。

職員が利用者等に付き添って外出する際の交通費も、旅費交通費に計上します。

なお、役職員が研修に参加する際の旅費は「研修研究費」になります。また、職員の通勤費用は「職員給料」になります。

(4) 研修研究費

役員・職員に対する教育訓練に直接要する費用（研究・研修のための旅費交通費を含む）。

(5) 事務消耗品費

事務用に必要な消耗品・器具什器のうち、固定資産に該当しない費用。

文房具、パソコン関連のサプライ用品、コピー用紙、新聞・書籍・業界紙などがあげられます。

(6) 印刷製本費

事務に必要な書類、諸用紙、関係資料などの印刷および製本に要する費用。

施設で使用する封筒、名刺など各種諸様式の印刷代があげられます。

なお外注に限らず、施設内での印刷費用であるコピー機カウンター料、コピー機トナー代も含まれると考えられます。

(7) 修繕費

建物、器具備品等の修繕または模様替えの費用。

建物、器具備品を改良し、耐用年数を延長させるような資本的費用は含みません。

(8) 通信運搬費

電話、電報、FAX の使用料、インターネット接続料、切手、葉書、年賀状その他通信・運搬に要する費用。

(9) 会議費

会議時における茶菓子代、食事代等の費用。

(10) 広報費

施設および事業所の広告料、パンフレット・機関誌・広報誌などの印刷製本費などに要する費用。

広報誌印刷代、パンフレット印刷代、職員募集広告、看板設置費、ホームページ作成費などが考えられます。

パンフレット・機関誌は製作目的により印刷製本費と区別されます。

(11) 業務委託費

洗濯、清掃、夜間警備および給食（給食材料を除く）など施設の業務の一部を他に委託するための費用（保守料を除く）。

送迎、廃棄物処理および事務委託、シルバー人材派遣センターなどもあげられます。

業務委託費は、もともと施設内部でおこなうような業務を外部に委託する場合の費用であり、専門性が求められる業務の委託は「手数料」、また専門的技術が求められる設備の保守は「保守料」になります。

（12）手数料

役務提供にかかる費用のうち業務委託費以外の費用。

登記手数料など専門性が求められる業務の委託のほか、人材紹介手数料、振込手数料、残高証明手数料などがあげられます。

（13）保険料（事務費）

生命保険料、建物、車両運搬具、器具備品等にかかる損害保険契約にもとづく保険料（福利厚生費を除く）。

施設内の事故に備えた施設損害賠償責任保険料は「保険料（事業費）」になります。

（14）賃借料（事務費）

固定資産に計上を要しない器機等のリース料、レンタル料。

パソコン・サーバー・ソフトウエアのリース料、複合機リース料、車両リース料などがあげられます。

なお、固定資産に計上されたリース料の支払は、負債の勘定科目である「1年以内返済予定リース債務」あるいは「リース債務」の支払として処理します。

土地・建物の賃借料は「土地・建物賃借料」になります。

（15）土地・建物賃借料

土地、建物等の賃借料。

（16）租税公課

消費税および地方消費税の申告納税、固定資産税、印紙税、登録免許税、自動車税、事業所税等。

（17）保守料

建物、各種機器等の保守・点検料等。

建物、エレベーター、空調設備、消防設備、浄化槽、○A 機器、ソフトウエア保守料他、各種保守管理料があげられます。

（18）渉外費

創立記念等の式典、慶弔、広報活動（「広報費」に属する費用を除く）等に要する費用。

お祝い金、香典代、お見舞金などがあげられます。

慶弔規程にもとづく職員の慶弔見舞金は「福利厚生費」になります。

なお、保育所では使用しない科目です。

（19）諸会費

各種組織への加盟等に伴う会費、負担金等の費用。

社協年会費、○○協会年会費など、各種団体にたいする会費、負担金があげられます。

なお、保育所では使用しない科目です。

第 8 章　事業費、事務費の会計処理

（20）雑費（事務費）

事務費のうち他のいずれにも属さない費用。

雑費は、支払内容が不明瞭になるため少額であることが求められます。

演習問題 15

×1 年 3 月に品物やサービスを受けた取引の請求書をもとに、下記の業者請求書一覧表を作成しました。支払は 4 月末の予定です。仕訳を作成しなさい。

×1 年 3 月分　業者請求書一覧表

No.	相手先名	金額	請求内容
①	札幌食品	3,000	3 月分給食材料代
②	東京医院	100	3 月分利用者健診
③	名古屋商店	500	3 月分灯油代
④	京都サービス	400	3 月分ガソリン代
⑤	大阪雑貨	150	3 月分娯楽用品代
⑥	広島工務店	200	3 月分備品修繕
⑦	長崎警備	250	3 月分警備委託費
⑧	福岡保安協会	100	3 月分電気設備点検保守料
	合　計	4,700	

123

解答

①	(借方)給食費	3,000	(貸方)事業未払金	3,000
②	(借方)保健衛生費	100	(貸方)事業未払金	100
③	(借方)燃料費(事業費)	500	(貸方)事業未払金	500
④	(借方)車輌費	400	(貸方)事業未払金	400
⑤	(借方)教養娯楽費※	150	(貸方)事業未払金	150
⑥	(借方)修繕費	200	(貸方)事業未払金	200
⑦	(借方)業務委託費	250	(貸方)事業未払金	250
⑧	(借方)保守料	100	(貸方)事業未払金	100

※保育事業は「保育材料費」

第9章

その他の債権の会計処理

1 前払費用、前払金
2 立替金
3 仮払金
4 拠点区分間貸付金

1 前払費用、前払金

品物やサービスを受ける前に支払ったお金

　第8章では費用あるいは事業未払金の支払により預金が減少する仕訳を解説しましたが、実務ではこれ以外にも預金が減少する取引があります。

　たとえば、賃料の前払、保険料の一括前払、保守料の一括前払、研修申込金の支払など、品物やサービスを受ける前に支払った代金のことを「前払費用」あるいは「前払金」といいます。

【前払金、前払費用の取引】

「品物の受けとり」「サービスの受けとり」：なし

「代金の確定」　　　　　　　　←　請求書受付
　　　　　　　　　　　　　請求書

「支払」　　　　　　　　　支払　　→　
　　　　　　　　　　　　　　　　　　　　現金

設例 37　3月に次年度の4月の賃料を60支払った。

(1) 借方の科目

4月の賃借期間が始まる前に賃料を支払ったことにより、事業所を借り受ける権利を得たといえるので、資産の勘定科目「前払費用勘定」を増やします。

| (借方)前払費用 | 60 | (貸方)普通預金 | 60 |

設例37 続き 4月に賃料60を費用に振り替えた。

(2) 次年度の処理

4月になり、賃借が始まった時点で費用が発生するので、「土地・建物賃借料勘定」を増やします。また資産の勘定科目「前払費用勘定」を減らします。

| (借方)土地・建物賃借料 | 60 | (貸方)前払費用 | 60 |

2　立替金

職員または利用者等が負担すべき経費を
立て替えて支払ったお金

　職員または利用者が負担すべき経費を立て替えて支払ったお金を「立替金」といいます。

　費用のように法人で使った代金の支払ではありませんし、後日、職員等からお金を受けとる権利になるので資産になります。

　たとえば社会保険料の立て替え、利用者経費の立て替え等があげられます。

【立替金の取引】

職員・利用者　　　　社福法人　　　　業者等

立て替え
支払

債権　　　　　　　　　　　　　　現金

設例 38　職員負担の社会保険料を 30 立て替えて支払った。

（1）借方の科目

　職員のために立て替えて払ったお金であり、後日、お金を受けとる権利になるので、資産の勘定科目「立替金勘定」を増やします。

128

(借方) **立替金の増加**　　　　　　　　　**普通預金の減少** (貸方)

| (借方)立替金 | 30 | (貸方)普通預金 | 30 |

設例38 続き　後日、職員から立替金を30回収し普通預金に入金した。

(2) 職員・利用者から回収

　立て替えたお金を職員から回収した時点で、「立替金」という資産がなくなりますから、「立替金勘定」を減らします。

職員・利用者　　　社福法人

立替金を回収

入金　現金

(借方) **普通預金の増加**　　　　　　　　　**立替金の減少** (貸方)

| (借方)普通預金 | 30 | (貸方)立替金 | 30 |

3 仮払金

概算で支払ったお金、内容不明の支払

　職員からの仮払申請書にもとづいて、概算で支払ったお金のことを、「仮払金」といいます。
　また内容不明の出金を処理する科目です。

　仮払申請書にもとづく概算払いは、預金が減っているので仕訳をおこないますが、まだ何も購入していないため、とりあえず"仮に払ったお金"として資産を増やします。

【仮払金の取引】

　　「品物の受けとり」「サービスの受けとり」：なし

　　「代金の確定」　　　　　　　　　　　　：なし

　　「現金の減少」　　　　　事務担当　　　　　申請者

　　　　　　　　　　　　　概算払い　➡　
　　　　　　　　　　　　　　　　　　　　　　現金
　　　　　　　　　　　　何の支払かわからない

第9章 その他の債権の会計処理

設例39 仮払申請書にもとづいて、普通預金を10引き出して職員に仮払いした。

(1) 借方の科目

何も購入していないため、とりあえず"仮に払ったお金"として資産の勘定科目「仮払金勘定」を増やします。

| (借方)仮払金 | 10 | (貸方)普通預金 | 10 |

設例39 続き 後日、担当者から新幹線代8の領収書と残金2を現金で受けとった。

(2) 仮払金の精算

仮払金は、その後、支払内容を調査します。
後日、担当者から残金の戻し入れがあった時点で、仮払金精算書および領収書にもとづいて費用を計上し、「仮払金勘定」を減らします。

【仮払金の精算】

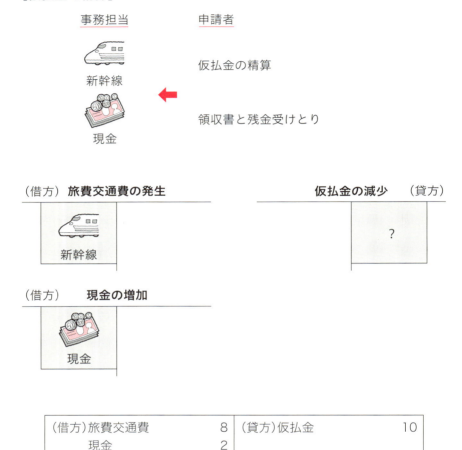

POINT 領収書にもとづいて、担当者が使ったお金を費用に計上します。会計処理日は残金を受けとった日付にします。

4 拠点区分間貸付金

同じ事業内で他の施設・事業所等にたいして貸したお金

同じ事業内で、他の施設・事業所等にたいしてお金を貸したときは、貸し付け先の施設・事業所にたいする債権がいくらあるかを明らかにするため、「拠点区分間貸付金」という資産を増やします。

【拠点区分間貸付金の取引】

> **設例 40** 同じ事業内の他の施設にお金を 300 貸し付け、普通預金から支払った。

（1）借方の科目

他の施設に貸し付けたお金であり、後日、お金を回収する権利となるので、資産の勘定科目「拠点区分間貸付金勘定」を増やします。

（借方） 拠点区分間貸付金の増加	普通預金の減少 （貸方）
	普通預金

（借方）拠点区分間貸付金　300	（貸方）普通預金　　　　　300

> **設例 40 続き**　他の施設への貸付金 300 を回収し、普通預金に入金した。

（2）相手先施設・事業所から回収

相手施設から、お金を回収した時点で「拠点区分間貸付金」がなくなります。

（借方）　普通預金の増加	拠点区分間貸付金の減少（貸方）
普通預金	

（借方）普通預金　　　　　300	（貸方）拠点区分間貸付金　300

第 10 章

その他の債務の会計処理

1 前受金、前受収益
2 職員預り金、預り金
3 仮受金
4 拠点区分間借入金

1 前受金、前受収益

サービスを提供する前に受けとったお金

　第7章では、収益あるいは事業未収金の入金により預金が増加する仕訳を解説しましたが、実務ではこれ以外にも預金が増加する取引があります。

　たとえば、賃料の前受け、セミナー参加費の前受けなど、サービスを提供する前に、受けとったお金のことを「前受金」あるいは「前受収益」といいます。

【前受金、前受収益の取引】

「品物の引き渡し」「サービスの提供」：なし

「代金の確定」　　請求書送付　➡　
　　　　　　　　　　　　　　　　　請求書

「預金の増加」　　⬅　入金
　　　　　　　　現金

> **設例 41**　社協において次年度のセミナー参加費 30 が普通預金に振り込まれた。

(1) 貸方の科目

セミナーを開催する前に代金を受けとっており、将来、サービスを提供する義務を負っているので、負債の勘定科目「前受金勘定」を増やします。

| (借方)普通預金 | 30 | (貸方)前受金 | 30 |

設例 41 続き セミナーが開催され参加費 30 を収益に振り替えた。

(2) 次年度の処理

セミナーを開催した時点で収益が発生するので、「参加費収益勘定」を増やします。また負債の勘定科目「前受金勘定」を減らします。

「サービスの提供」

収益

| (借方)前受金 | 30 | (貸方)参加費収益 | 30 |

2 職員預り金、預り金

職員または利用者等から預かったお金

職員または利用者からお金を預かり、税務署、行政、業者等に支払うお金を「預り金」といいます。

収益のようにサービス提供の対価（代金）ではありませんし、税務署等に支払う義務があるので負債になります。

たとえば、源泉所得税、住民税、社会保険料の預かり等があげられます。

【預り金の取引】

職員・利用者	社福法人	行政等
預かり ➡	現金	債務

> **設例 42** 給料から職員の源泉所得税、社会保険料 80 を控除した。

（1）貸方の科目

職員から預かったお金であり、期日までに税務署などに支払わなければならないため、負債の勘定科目「職員預り金勘定」を増やします。

(借方) **普通預金の増加**	職員預り金の増加 (貸方)

(借方)普通預金	80	(貸方)職員預り金	80

設例42 続き 社会保険料の預り金40を普通預金から支払った。

(2) 税務署、社会保険事務所に支払い

社会保険事務所に支払った時点で、「職員預り金」という負債がなくなりますから、「職員預り金勘定」を減らします。

社福法人　　税務署・行政・業者等

預り金を
支払　　　
　　　　　　　　　　現金

(借方) **職員預り金の減少**	普通預金の減少 (貸方)

(借方)職員預り金	40	(貸方)普通預金	40

3 仮受金

> **入金の理由あるいは相手先がわからないお金**

　入金の理由がわからない、誰から受け取ったかわからない入金を、「仮受金」といいます。
　預金が増えているので仕訳をおこないますが、何の入金かわからないため、とりあえず"仮に受けとったお金"として負債を増やします。

【仮受金の取引】

　　「品物の引き渡し」「サービス提供の完了」：　？

　　「代金の確定」　　　　　　　　　　　　　：　？

　　「現金の増加」

 ← 入金

現金
何の入金かわからない

> **設例 43**　普通預金に 20 入金があったが、何の入金か不明である。

(1) 貸方の科目

　何の入金かわからないので、とりあえず"仮に受けとったお金"として、負債の勘定科目「仮受金勘定」を増やします。

第 10 章　その他の債務の会計処理

（借方）　**普通預金の増加**	**仮受金の増加**　　（貸方）
普通預金　BANK	?

（借方）普通預金　　　　　20	（貸方）仮受金　　　　　　　20

設例 43 続き　入金内容を調査した結果、来客の食事代 20 であった。

（2）仮受金の調査

　仮受金は、入金の理由を調査します。

　たとえば、来客の食事代だったことがわかったときは「利用者等外給食収益」を計上し、「仮受金勘定」を減らします。

（借方）仮受金　　　　　　20	（貸方）利用者等外給食収益　20

POINT　会計処理日は、入金の内容がわかったときの日付にします（仮受金の入金日にさかのぼって修正しません）。

（補足）誤入金だったときは、返金した日付で仮受金を減らします。

（借方）仮受金　　　　　×××	（貸方）普通預金　　　　　×××

141

4 拠点区分間借入金

同じ事業内で他の施設・事業所等から借りたお金

　同じ事業内で、他の施設・事業所等からお金を借りたときは、借り入れた施設・事業所にたいする債務がいくらあるかを明らかにするため、「拠点区分間借入金」という負債を増やします。

> **設例 44** 同じ事業内の他の施設からお金を 300 借り入れて普通預金に入金した。

(1) 借方の科目

　他の施設から借り入れたお金であり、後日、返済する義務となるので、負債の勘定科目「拠点区分間借入金勘定」を増やします。

第 10 章　その他の債務の会計処理

(借方) 普通預金の増加　　　拠点区分間借入金の増加 (貸方)

| (借方)普通預金　　　300 | (貸方)拠点区分間借入金　　300 |

設例44 続き 他の施設からの借入金 300 を普通預金から返済した。

(2) 相手先施設・事業所へ返済

相手施設へ返済した時点で、「拠点区分間借入金」がなくなります。

(借方) 拠点区分間借入金の減少　　　　普通預金の減少 (貸方)

| (借方)拠点区分間借入金　　300 | (貸方)普通預金　　　　300 |

演習問題 16

次の仕訳をおこないなさい。なお、入金あるいは支払はすべて普通預金からおこなうものとする。

①次年度の賃料として 20 の入金があった。
②仮払金申請書にもとづいて概算払いを 15 した。
③職員から社会保険料の本人負担分 50 を預かった。
④次年度の保険料を 40 支払った。
⑤同じ事業内の他の施設から 100 借り入れた。
⑥内容不明の入金が 10 あった。
⑦利用者の経費を 30 立て替え払いした。
⑧同じ事業内の他の施設へ 100 貸し付けた。

解答

①	(借方)普通預金	20	(貸方)前受収益	20
②	(借方)仮払金	15	(貸方)普通預金	15
③	(借方)普通預金	50	(貸方)職員預り金	50
④	(借方)前払費用	40	(貸方)普通預金	40
⑤	(借方)普通預金	100	(貸方)拠点区分間借入金	100
⑥	(借方)普通預金	10	(貸方)仮受金	10
⑦	(借方)立替金	30	(貸方)普通預金	30
⑧	(借方)拠点区分間貸付金	100	(貸方)普通預金	100

第 11 章

法人本部経費ならびに
資金繰入の会計処理

1 法人本部経費の会計処理
2 資金の繰り入れの会計処理

1 法人本部経費の会計処理

> **評議員会、理事会など法人運営にかかる費用は**
> **本部拠点区分または本部サービス区分に計上**

　社会福祉法人会計は、評議員会、理事会など、法人の運営にかかわる費用の会計処理にかんして特別な取扱いを定めています。

1. 本部拠点区分・本部サービス区分の設定

　社会福祉法人会計では、法人本部にかかる経費を計上する区分として、本部拠点区分または本部サービス区分（以下、本部拠点区分等という）を設けることとされています（運営上の留意事項6）。

2. 法人本部経費

　法人本部にかかる経費としては、法人役員の報酬、理事会、評議員会の運営にかかる経費、監事監査費用、その他法人本部に帰属することが妥当な経費とされており（運用上の留意事項6）、これらの費用は、本部拠点区分等の費用として会計処理しなければなりません。

　次項では、社会福祉事業の施設において、役員報酬を支払ったときの設例により、会計処理を解説します。

146

第 11 章　法人本部経費ならびに資金繰入の会計処理

3. 理事会費用の会計処理

> **設例 45**　社会福祉法人○○会は、法人本部経費を計上する区分として本部拠点区分を設定している。
> 非常勤理事の報酬 100 を施設拠点区分の普通預金から支払った。

(1) 施設拠点区分の会計処理

①借方の科目

理事の報酬は法人本部経費であり、本部拠点区分の費用となります。

施設で本部の費用を立て替えて支払っていますから、本部にたいする立替金になりますが、本件は法人内部の本部拠点区分にたいする債権であるため、内部取引による債権として、「拠点区分間貸付金勘定」を増加します。

〈施設拠点区分〉

(借方)拠点区分間貸付金　　100	(貸方)普通預金　　　　　　100

(2) 本部拠点区分の会計処理

①役員報酬の計上

役員報酬は本部拠点区分等の費用とされているので、施設で支払った場合も、本部拠点区分等の費用として処理しなければなりません。

本部拠点区分では、先ず「役員報酬」という費用を計上します。

147

〈本部拠点区分〉

| (借方)役員報酬 | 100 | (貸方)　？ | 100 |

②貸方の科目

　役員報酬を施設に立て替えてもらっているので、施設に対する未払債務になりますが、本件は、法人内部の施設・事業所にたいする債務であるため、内部取引による債務として、「拠点区分間借入金勘定」を増加します。

〈本部拠点区分〉

| (借方)役員報酬 | 100 | (貸方)拠点区分間借入金 | 100 |

4．内部取引による債権、債務の一致

　施設・事業所（以下、施設等という）が本部の費用を立て替えて支払うと、前項のとおり、施設等の拠点区分では「拠点区分間貸付金」が増加し、本部拠点区分では「拠点区分間借入金」が増加します。
　この「拠点区分間貸付金」と「拠点区分間借入金」は、法人内部の取引による債権と債務であるため、必ず一致しなければなりません。

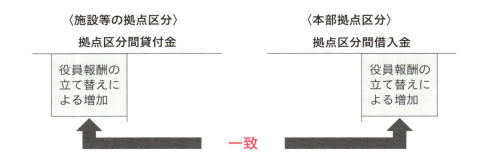

第11章 法人本部経費ならびに資金繰入の会計処理

演習問題17

社会福祉法人△△会は、法人本部拠点区分と△△園拠点区分を設定している。△△園で役員報酬を100、理事会出席旅費を50、理事会会議費を10 普通預金から支払った。
　①△△園拠点区分で支払ったときの仕訳をおこないなさい。
　②法人本部拠点区分の仕訳をおこないなさい。

解答

① 　△△園拠点区分

（借方）拠点区分間貸付金　　160	（貸方）普通預金　　　　　　160

② 　法人本部拠点区分

（借方）役員報酬　　　　100 　　　　旅費交通費　　　50 　　　　会議費　　　　　10	（貸方）拠点区分間借入金　160

2 資金の繰り入れの会計処理

法人内部の資金移動を明らかにするため、〇〇区分間繰入金費用・〇〇区分間繰入金収益を使用

前述1では本部拠点区分等で理事会費用を負担しなければならないことを解説しましたが、本部拠点区分等は収益がないので、通常、収支は赤字です。

この赤字を補填するために、黒字の施設等から法人本部にたいして資金を移します。

法人本部あるいは他の施設等にたいして資金を移すことを、資金の繰り入れといいます。

資金の繰り入れは、前述第9章4および第10章4の施設間における資金の貸し借りと異なり、後でお金を返しません。

したがって、繰入元の施設等ではその分財産が減るので、費用になります。一方、繰入先の法人本部・施設等ではその分財産が増えるので、収益になります。

1. 資金の使途制限

社会福祉法人における法人本部・施設等間の資金の繰り入れは、無制限には認められていません。

社会福祉事業の施設等の主な収入は公金であり、**原則として当該施設等の支出に使用することとされているので、公金を財源に、他の施設等へ繰り入れたり、貸し付けることは制限されます。**

第11章　法人本部経費ならびに資金繰入の会計処理

一定の要件を満たす場合あるいは一定の限度額の範囲内で、法人本部・他の施設等への繰り入れならびに貸し付けが認められています。

2.　資金の繰り入れにかかる科目

前項のとおり、他の施設等へ資金を移すことが制限されているので、他の施設等へ、いくら繰り入れたかわかるように会計処理しなければなりません。

そこで、社会福祉法人会計では、法人内部の資金の繰り入れについて、専用の科目を使って会計処理します。

（1）拠点区分間繰入金費用

同じ事業内で、本部拠点区分あるいは他の施設等にたいして資金の繰り入れをしたときは、「拠点区分間繰入金費用」を計上します。

（2）拠点区分間繰入金収益

同じ事業内で、本部拠点区分あるいは他の施設等から資金の繰り入れを受けたときは、「拠点区分間繰入金収益」を計上します。

3.　施設拠点区分から本部拠点区分に資金を繰り入れるときの会計処理

> **設例 46**　同一事業内で施設拠点区分から本部拠点区分に資金を 400 繰り入れた。

151

(1) 施設拠点区分の会計処理

①先ず繰入金費用を計上

同じ事業内の繰入は、「拠点区分間繰入金費用」を計上します。

〈施設拠点区分〉

（借方)拠点区分間繰入金費用　400	（貸方）　？　　　　　　　　400

②貸方の科目

資金を移すことを決めた段階では、本部拠点区分にまだ預金を振り替えていませんから、（貸方）は普通預金になりません。

この後、法人本部に送金するので、法人本部に対する債務になります。内部取引による債務として「拠点区分間借入金」を増加します。

〈施設拠点区分〉

（借方)拠点区分間繰入金費用　400	（貸方)拠点区分間借入金　　400

(2) 本部拠点区分の会計処理

①先ず繰入金収益を計上

同じ事業内の繰入は、「拠点区分間繰入金収益」を計上します。

〈本部拠点区分〉

（借方）　？　　　　　　　　400	（貸方)拠点区分間繰入金収益　400

②借方の科目

施設からまだ預金を振り替えていませんから、（借方）は普通預金になりません。

この後、施設から入金するため、施設に対する債権になります。

内部取引による債権として「拠点区分間貸付金」を増加します。

〈**本部拠点区分**〉

（借方）拠点区分間貸付金　　400	（貸方）拠点区分間繰入金収益　　400

4．繰入金費用の確認事項

（1）使途制限を超えていないか

「拠点区分間繰入金費用」の残高が、繰り入れ限度を超えていないか、確認しなければなりません。

（2）繰入金収益との一致

相手施設等における「拠点区分間繰入金収益」と一致しているか、確認しなければなりません。

（3）予算の確保

法人本部・施設等間の資金の繰り入れは、事前に予算を立てて予算の範囲内でおこないます。

演習問題18

演習問題17の△△会では理事会開催費用に充てるため、△△園拠点区分から本部拠点区分に対して、資金の繰入れを160おこなうこととした。まだ預金は振り替えていない。

　　①△△園の仕訳をおこないなさい。

　　②本部拠点区分の仕訳をおこないなさい。

解答

① △△園拠点区分

| （借方）拠点区分間繰入金費用　160 | （貸方）拠点区分間借入金　160 |

② 本部拠点区分

| （借方）拠点区分間貸付金　160 | （貸方）拠点区分間繰入金収益　160 |

※　内部取引残高の一致の確認
　　演習問題18による内部取引残高は下記のとおりである。

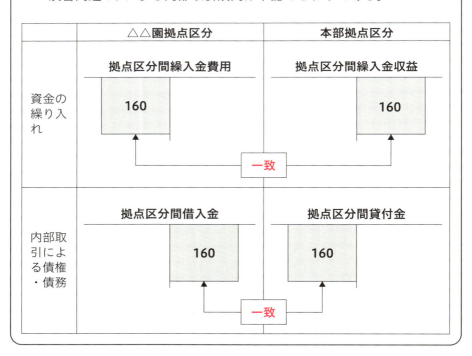

第 12 章

給料手当の会計処理

■ 給料手当の会計処理

給料手当の会計処理

給料手当の支給と源泉所得税、社会保険料等の控除に分けて会計処理します。

　給料手当はサービス提供にかかる費用であり、仕訳の（借方）に記入します。

1．給与等の勘定科目（主な科目）

　給与等の勘定科目は、常勤職員にたいする支給か、非常勤職員にたいする支給かによって区別されます。

　さらに、常勤職員にたいする支給は毎月の給料手当か、賞与・一時金の支給かによって区別されています。

（1）職員給料

　常勤職員に対する本俸、諸手当（賞与を除く）。

（2）職員賞与

　常勤職員に対する賞与のうち当年度にかかる部分の額。

（3）非常勤職員給与

　非常勤職員に対する俸給、諸手当および賞与。

第 12 章　給料手当の会計処理

2．給与等の控除項目

　職員に給与等を支払うときは、源泉所得税、社会保険料、住民税、退職共済掛金、雇用保険料などを控除します。

　源泉所得税の控除などは、前述のとおり職員から預かったお金であるため、預金を増加し、（貸方）は「職員預り金」などを増加します。

3．給料手当の支給額と控除額の勘定記入

　前述のとおり、給料手当の会計処理は、給料手当の費用計上と控除項目の預かり処理に分けておこないますが、支給項目と控除項目の勘定記入は以下のとおりです。

給料手当の支給項目・控除項目	財産の増加・減少と勘定記入	
〈支給項目〉	（借方）	（貸方）
常勤職員の給料手当	「職員給料」の発生	普通預金の減少
非常勤職員の給与	「非常勤職員給与」の発生	普通預金の減少
〈控除項目〉	（借方）	（貸方）
健康保険・介護保険料	普通預金の増加	「職員預り金」の増加
厚生年金保険料	同上	同上
雇用保険料	同上	「法定福利費」の取り消しまたは「職員預り金」の増加
源泉所得税	同上	「職員預り金」の増加
住民税	同上	同上
退職共済掛金	同上	同上
欠勤控除	同上	「職員給料」の取り消し
職員給食費	同上	「利用者等外給食収益」の発生

設例 47 3月の給与支給各経費一覧表に基づいて給料手当、非常勤給与の仕訳を完成させましょう。
なお、雇用保険料の控除は「法定福利費」の取り消しにより処理するものとします。

法人名：社会福祉法人　○○会

施設名：△△園

給与支給各経費一覧表
×1 年　3 月分

〈支給〉

	A	B	C	D	E	F	G	H	I	
	基本給	特殊業務手当	職務手当	住宅手当	超過勤務手当	処遇改善手当	給料手当小計	通勤手当	支給額合計 (A)	1
常勤 施設計	6,220	1,030	320	330	170	260	8,330	170	**8,500**	2
非常勤 施設計	750	0	0	0	150	0	900	50	**950**	3
合　計	6,970	1,030	320	330	320	260	9,230	220	9,450	4

〈控除〉

	健保/介保預り金	厚生年金預り金	雇用保険自己負担	社会保険合計 (B)	所得税預り金	住民税預り金	退職共済預り金	控除額計 (C)	支払額 (A) − (C)	
常勤 施設計	410	670	35	1,115	540	370	175	2,200	6,300	6
非常勤 施設計	40	60	10	110	40	0	0	150	800	7
合　計	**450**	**730**	**45**	1,225	**580**	**370**	**175**	**2,350**	**7,100**	8

第12章　給料手当の会計処理

（1）まず普通預金の減少を仕訳の（貸方）に記入

　給与支給各経費一覧表の支払額合計（I 8）にもとづいて、普通預金の減少を仕訳の（貸方）に記入します。

　以下、（　）は給与支給各経費一覧表の参照箇所をあらわします。

| （借方）　？ | 7,100 | （貸方）普通預金 | 7,100 |

（2）借方の科目

　続いて常勤職員に対する給料支給額（I 2）を「職員給料」に計上し、非常勤職員に対する賃金支給額（I 3）を「非常勤職員給与」に計上します。費用の発生は、（借方）に記入します。

| （借方）職員給料 | 8,500 | （貸方）普通預金 | 7,100 |
| 　　　非常勤職員給与 | 950 | ※ | 2,350 |

　※（借方）の合計 9,450 から（貸方）7,100 を差し引くと 2,350
　　と計算されます。差額は控除項目の合計（H8）と一致します。

（3）貸方の科目

　最後に控除項目を、仕訳の（貸方）に記入します。
　①健康保険料・介護保険料の預かり（A8）は「職員預り金」の増加
　②厚生年金保険料の預かり（B8）は「職員預り金」の増加
　③雇用保険料の預かり（C8）は「法定福利費」の取り消し
　④源泉所得税の預かり（E8）は「職員預り金」の増加
　⑤住民税の預かり（F8）は「職員預り金」の増加
　⑥退職共済掛け金の預かり（G8）は「職員預り金」の増加
　となります。

(借方)職員給料	8,500	(貸方)普通預金	7,100
非常勤職員給与	950	職員預り金	450 ①
		職員預り金	730 ②
		法定福利費	45 ③
		職員預り金	580 ④
		職員預り金	370 ⑤
		職員預り金	175 ⑥

第 13 章

法定福利費の会計処理

1 社会保険料の会計処理
2 労働保険料の会計処理

1 社会保険料の会計処理

健康保険料、介護保険料、厚生年金については、職員と事業主が保険料を折半で負担

1．社会保険料の支払の会計処理

　健康保険料、介護保険料、厚生年金および子ども子育て拠出金からなる社会保険料は、給料から控除した職員負担の預り金と事業主負担を合算して、社会保険事務所に納付します。

　社会保険料の事業主負担分は、職員にかかる法定費用であり、人件費の勘定科目である「法定福利費」に計上します。

2．社会保険料の負担関係

　健康保険料、介護保険料、厚生年金については、職員と事業主が保険料を折半で負担します。なお、子ども子育て拠出金は、全額、事業主負担です。

> **設例 48**　6月分の社会保険料 102 を普通預金から支払った。社会保険料の職員負担額は 50 であり、事業主負担は 52 であった。

（1）借方の科目

　職員負担分は「職員預り金」の減少、事業主負担分は「法定福利費」の発生として処理します。

第 13 章　法定福利費の会計処理

| （借方）職員預り金 | 50 | （貸方）普通預金 | 102 |
| 法定福利費 | 52 | | |

演習問題 19

　×年 2 月の社会保険料領収済通知ならびに施設独自に作成した社会保険料内訳表にもとづいて社会保険料支払いの仕訳をおこないなさい。

保険料納入告知額・領収済額通知書

×年　2 月分保険料

	A	B	C	
	健康保険料 （介護保険含む）	厚生年金 保険料	子ども子育て 拠出金	1
	900	1,460	20	2
	合計額		2,380	3

法人名：社会福祉法人　○○会
施設名：△△園

社会保険料内訳表

×年　2 月分

D	E	F	G	H	I	J	K	L	
	個人負担			事業主負担				総合計	4
	健保 介保	厚生 年金	合計	健保 介保	厚生 年金	子ども 子育て 拠出金	合計		5
○○太郎	15	27	42	15	27	1	43	85	6
□□次郎	30	46	76	30	46	2	78	154	7
:	:	:	:	:	:	:	:	:	8
施設合計	450	730	1,180	450	730	20	1,200	2,380	9

解答

（借方）職員預り金	450	（貸方）普通預金	2,380
職員預り金	730		
法定福利費	450		
法定福利費	730		
法定福利費	20		

163

2　労働保険料の会計処理

> 簡便法は労働保険料の支払額を法定福利費に計上し、
> 雇用保険料の職員負担分を法定福利費から取り消す。

1．労働保険料の支払

　労働保険料は、毎年度7月、10月、翌1月に納付します。

　労働保険料は、労災保険料と雇用保険料に分かれ、労災保険料は全額、事業主が負担しますが、雇用保険料は、一部職員が負担します。

　労災保険料と雇用保険料の負担関係は下図のとおりです。

	労災保険料	雇用保険料
負担者	事業主	職員
		事業主

2．労働保険料の支払の会計処理

　労働保険料の事業主負担分は、職員にかかる法定費用であり、「法定福利費」に計上します。

　雇用保険料の職員負担分については、**(A)「職員預り金」を減らす会計処理**と**(B)「法定福利費」に含める簡便法**があります。

第 13 章　法定福利費の会計処理

A 法　職員預り金の減少		**B 法　法定福利費に計上**	
労災保険料	雇用保険料	労災保険料	雇用保険料

科目	法定福利費	職員預り金の減少	科目	法定福利費	法定福利費
		法定福利費			法定福利費

> **設例 49**　労働保険料 100 を普通預金から支払った。支払額には雇用保険料の職員負担分が 5 含まれていた。

（1）A 法　雇用保険料職員負担を「職員預り金」の減少として処理

（借方）法定福利費	95	（貸方）普通預金	100
職員預り金	5		

（2）B 法　全額「法定福利費」として処理

（借方）**法定福利費の発生**		**普通預金の減少**（貸方）	
労働保険料全額		労働保険料全額	

（借方）法定福利費	100	（貸方）普通預金	100

165

（2）の簡便法をとる場合は、第12章「給料手当の会計処理」における**雇用保険料の職員負担分の控除を「法定福利費」の取り消しとして処理**しておく必要があります。

〈給料支払時の雇用保険料控除の仕訳〉

そのようにすることで「法定福利費勘定」の中で、労働保険料の納付額から雇用保険料の職員負担分が差し引かれ、労働保険料の事業主負担分が、「法定福利費」の残高として計算されるようになります。

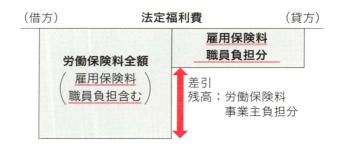

第 14 章

退職共済制度の
掛け金支払の会計処理

1 福祉医療機構が実施する退職共済制度
2 都道府県等が実施する退職共済制度

福祉医療機構が実施する退職共済制度

退職共済掛け金の支払額を退職給付費用に計上

職員の退職金制度として、福祉医療機構が実施する退職共済制度に加入し、福祉医療機構にたいして退職共済掛金を支払うときの会計処理は、次のとおりです。

1. 制度の概要

福祉医療機構の退職共済制度は、税制適格の退職共済制度であり、退職共済掛金の支払が、現物給付として給与課税されない制度です。

2. 支払の会計処理

毎年5月に1年分の掛け金を支払いますが、掛け金は全額事業主の負担であり、職員の退職金の給付にかかわる費用になります。
したがって、退職共済掛け金の支払額を、人件費の勘定科目である「退職給付費用」に計上します。

3. 支払時の処理

(借方)退職給付費用	×××	(貸方)普通預金	×××

第14章　退職共済制度の掛け金支払の会計処理

2 都道府県等が実施する退職共済制度

簡便法は事業主負担分を退職給付引当資産に計上し、退職給付費用と退職給付引当金も同額計上

1．制度の概要

　福祉医療機構の退職共済制度による退職金の上乗せとして、都道府県等によっては独自の退職共済事業が実施されています。

　都道府県等が実施する退職共済制度の掛け金は、職員と事業主の双方が負担します。

　都道府県等の退職共済制度は、各都道府県により制度の内容が異なり、実施者が会計処理の手引きを示している場合は、それに従いますが、おおむね、事業主負担分の支払は、資産の勘定科目である「退職給付引当資産」の増加として取り扱うこととされています。

2．掛け金支払の会計処理

> **設例50** 6月分の都道府県退職共済掛け金50を普通預金から支払った。このうち職員負担額は25であり、事業主負担も25であった。

(1) 借方の科目

職員負担額は、負債の勘定科目「職員預り金」を減少し、事業主負担分は、資産の勘定科目「退職給付引当資産」の増加として処理します。

(借方)職員預り金	25	(貸方)普通預金	50
退職給付引当資産	25		

3．福祉医療機構と都道府県等の事業主負担分の比較

退職共済掛金の事業主負担分の会計処理ですが、福祉医療機構の掛金は、人件費の費用として処理されるのにたいして、都道府県等の掛金は、資産に計上されており、両者の会計処理は異なります。

	福祉医療機構	都道府県等
大区分科目	**人件費**	**固定資産**
中区分科目	退職給付費用	退職給付引当資産

4．都道府県等の退職共済掛金事業主負担にかかる費用処理

前出 2.の会計処理のままでは、都道府県等の退職共済掛金にかかる**事業主負担分が費用にあらわれないため**、費用を計上する仕訳を追加します。

運用上の留意事項 21（3）アにおいて会計処理が複数示されていますが、**簡便法では、掛金の支払額を「退職給付費用」に計上することとなります。**

第14章　退職共済制度の掛け金支払の会計処理

> **設例50 続き** 簡便法により掛金の支払額を費用に計上しなさい。

(1) 借方の科目

　掛金の支払は、職員の退職金の給付にかかる費用の負担であることから、人件費の勘定科目「退職給付費用」を（借方）に記入します。

(借方)退職給付費用	25	(貸方)　　？	25

(2) 貸方の科目

　費用の発生にともない、負債を増加します。前出2.の仕訳では、事業主負担分の支払を「退職給付引当資産」にあげているので、それに見合う負債として「退職給付引当金」を増やします。

(借方)退職給付費用	25	(貸方)退職給付引当金	25

5. 4.の仕訳後の福祉医療機構と都道府県等の事業主負担分の比較

　上記4.の仕訳を追加したことで、都道府県等の退職共済制度も、掛金の事業主負担分に相当する退職給付費用が計上されるようになりました。

【事業活動計算書の処理】

	福祉医療機構	都道府県等
大区分科目	人件費	人件費
中区分科目	退職給付費用	退職給付費用

【貸借対照表の処理】

	福祉医療機構	都道府県等
資産	—	固定資産
	—	退職給付引当資産
負債	—	固定負債
	—	退職給付引当金

演習問題 20

3月分の都道府県退職共済掛け金を普通預金から支払った。

退職共済掛金支払通知にもとづいて仕訳をおこないなさい。

なお、事業主負担分は、掛金支払額を退職給付費用に計上する簡便法によるものとする。

退職共済掛金支払通知

職員負担分	事業主負担分	合計支払額
175	175	350

解答

(借方)職員預り金	175	(貸方)普通預金	350
退職給付引当資産	175		
(借方)退職給付費用	175	退職給付引当金	175

第 15 章

固定資産の会計処理

1 有形固定資産の取得の会計処理
2 有形固定資産の使用中の会計処理
3 減価償却費を算定して知りたいことってなに？
4 減価償却の効果ってなに？
5 減価償却費の計算を間違えるとどうなるの？

1 有形固定資産の取得の会計処理

取得価額は本体価格の他、購入手数料、引取費用、据付試運転費用などを含みます。

　土地、建物、車両、器具および備品など、当年度だけでなく次年度以降も、長期に渡って使用する資産を有形固定資産といい、同様に権利、ソフトウエアなどのことを無形固定資産といいます。

　社会福祉法人会計では、取得価額が10万円以上で、かつ1年を超えて使用する資産を固定資産としています。

　固定資産を取得したときは、資産の増加として仕訳の（借方）に固定資産の科目を記入しますが、いくらで取得したか、取得価額を計算しなければなりません。

設例 51 4月1日に車両を取得し、代金は未払とした。請求の内訳は、車両本体価格280、ナンバー代・納車費用6、登録費用・自動車税14、自賠責保険料12、重量税8の合計320であった。
(1) 車両の取得価額を計算しなさい。なお取得価額には登録費用・自動車税も含めることとする。
(2) 車両の取得の会計処理をおこないなさい。

---

1. 車両の取得価額

　固定資産の取得価額は、本体価格の他、購入して使用しうる状態になるまでにかかった諸費用を含みます。

第15章　固定資産の会計処理

　詳細は、法人の経理規程細則によりますが、購入手数料、引取費用、据付試運転費用などは取得価額に含まれます。

　また自動車取得税、登記登録費用は、取得価額に含めても、費用処理してもどちらでも良いとされています。

　一方、自賠責保険料、重量税は、車両を保有するのにかかる費用であるため、取得価額には含まれません。

（1）取得価額の計算

　　本体価格 280＋ナンバー代・納車費用 6＋登録費用・自動車税 14
　　＝300

2.　車両の取得の会計処理

（1）借方の科目

　　車両の取得は、「車輌運搬具」を仕訳の（借方）に記入します。

　　このほか自賠責保険料の支払は、事務費の勘定科目「保険料（事務費）」を、重量税も同様に事務費の勘定科目「租税公課」を仕訳の（借方）に記入します。

（借方）車輌運搬具	300	（貸方）	？	320
保険料（事務費）	12			
租税公課	8			

（2）貸方の科目

　　代金を未払としたので負債が増えますが、施設・設備の整備にかかわる未払金は「その他の未払金勘定」を増やします。

　　負債の増加は、（貸方）に記入します。

175

（借方）	車輌運搬具（固定資産）の増加		その他の未払金（負債）の増加 （貸方）

車両

請求書

（借方）　**保険料（事務費）の発生**

保険証書

（借方）　**租税公課の発生**

（借方）車輌運搬具	300	（貸方）その他の未払金※	320
保険料（事務費）	12		
租税公課	8		

※「その他の未払金」は流動負債の科目です。

第15章　固定資産の会計処理

2　有形固定資産の使用中の会計処理

> 固定資産の使用にかかる費用を計算し、「減価償却費」という費用に計上

　建物、車両、器具備品などの固定資産は、時間が経過したり使用することによって価値が減っていきます。

　固定資産を使用することによる価値の減少を「減価償却」といい、毎年、固定資産の減少額を見積もって、「減価償却費」という費用を計上します（土地は、時間が経過しても使用しても価値が減らないため、減価償却をしません）。

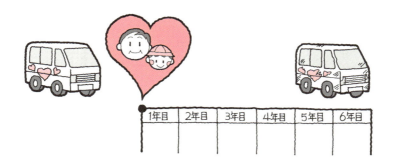

1.　減価償却費の意味

　減価償却費は固定資産を使うのにかかった費用をあらわします。
　社会福祉法人がサービスを提供するには、建物、設備、車両、器具備品といった設備が必要になります。

たとえば給食を提供するには、栄養士、調理員、食材、水道、ガス、電気の他、厨房設備が必要です。また、送迎をするには車両が必要です。

したがって、こうした固定資産を使うのにかかった費用も、サービスを提供するためにかかった労力であり、職員給料や給食費と同じように、費用に計上することとなります。

ただし、固定資産は、取得した年度と使用する年度が異なるため、全額を取得した年度の費用にするのは適切ではありません。

そこで、「減価償却」という方法で、1年あたりの固定資産費用を計算することにしました。

2．減価償却費の計算方法

減価償却の方法は何種類かありますが、社会福祉法人では定額法が一般的です。

定額法は、固定資産の取得価額を使用期間で除して、1年あたりの固定資産費用を計算する方法です。

ただし、固定資産を使う期間が何年かは、使い始めた段階ではわかりません。

そこで、固定資産を使う見込みの期間を調べて、1年あたりの費用を計算することにしました。

このとき、固定資産を使う見込み期間として用いられるのが、「耐用年数」というものです。

したがって、減価償却費は次のように計算されます。

第15章　固定資産の会計処理

> **POINT** 減価償却費 ＝ 固定資産の取得価額 ÷ 耐用年数

3. 減価償却の会計処理

設例 52　決算にあたり、車両の減価償却をおこなった。
車両の取得価額は 300、耐用年数が 6 年である。

（1）減価償却費の算定

300 ÷ 6 年 ＝ 50　減価償却費は 50 です。

（2）借方の科目

車両を使ったことにより、「減価償却費」という費用が発生しているので、費用の勘定科目「減価償却費勘定」を増やします。

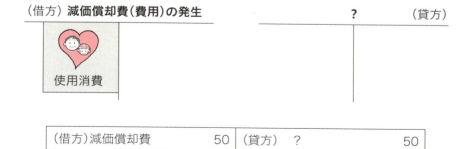

(3) 貸方の科目

　車両を使用したことにより、車両の価値が減少しているので、「車輌運搬具勘定」を減らします。

(借方) **減価償却費（費用）の発生** 　　　　車輌運搬具（固定資産）の減少 (貸方)

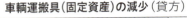

使用消費

車両

| (借方) 減価償却費 | 50 | (貸方) 車輌運搬具 | 50 |

(4) 車輌運搬具の残高

　減価償却によって車輌運搬具の残高が減り、減価償却後の残高が次年度に繰り越されます。

車輌運搬具の減少
（×1年度）
(借方)　　　　　　　　　　(貸方)

| 取得価額 300 | 減価償却費 50 |
| | 借方残高 250 次年度へ繰越 |

（5）次年度の減価償却

　次年度においても同様に、固定資産を使うのにかかった費用を計算して、「減価償却費」に振り替えます。

固定資産の残高の意味ってなに？

　取得したときは購入価額であった固定資産残高は、減価償却によって年々、減少していきます。
　使用中の固定資産の残高は、次年度に繰り越す未使用分の残高をあらわしますが、残高が少ないときは、固定資産の老朽化がすすんでいることを意味します。

3 減価償却費を算定して知りたいことってなに？

いくらで販売するかを決めたい。
採算がとれているかをみたい。

　減価償却費は、固定資産を使うのにかかった費用であると解説しましたが、なぜ、減価償却費を計算する必要があるのでしょうか。

　簡単な設例で減価償却費を計上する意味をみていきましょう。

設例 53

・法人 A は、預金 6,000,000 円を元手にサンドイッチを販売する事業をはじめようとしている。

・費用は、サンドイッチ用の食材が 1 食あたり 200 円かかる。

・調理販売する職員の人件費が 1 年間で 2,000,000 円かかる。

・このほか、サンドイッチの製造機械の購入が 6,000,000 円かかる。

・なお、機械は 3 年間使用できる。

・経営者は 1 年間で 50,000 食のサンドイッチを販売する予定である。

・経営者は利益 0 円でいいと考えているが、赤字にはしたくない。

（問 1）1 食いくらで販売すればいいか答えなさい。

（問 2）1 年間事業をおこない、サンドイッチを 50,000 食販売したときの事業活動計算書を作成しなさい。

第15章 固定資産の会計処理

解答 1

[考え方]
　経営者は、利益なしでいいと考えているので、サンドイッチを1食作るのにいくらかかるか費用を計算して、販売価格を同額にすればよさそうです。

[1食あたり費用の計算　その1]
①食材費
　1食あたり 200 円
②人件費
　1年で 50,000 食を作る予定なので、1食あたり人件費は
　　　2,000,000 円÷50,000 食＝40 円

よって、1食あたり費用は、
　　　① 200 円 ＋ ② 40 円 ＝ 240 円

材料　＋　製造員

この計算でいいでしょうか？

機械の費用を考えなくていいでしょうか？

[1 食あたり費用の計算　その 2]
　機械がなければ、サンドイッチを作れません。
　そこで機械の代金も食数で除して、1 食あたりの機械費用を算定することにしました。
　機械は 3 年間使用するので、機械の代金を使う期間で除して、まず 1 年あたりの費用を算定し、さらに 1 年間の食数で除して、1 食あたりの費用を算定しました。
③機械費用
　1 年あたりの機械費用　6,000,000 円÷3 年＝2,000,000 円
　1 食あたりの機械費用　2,000,000 円÷50,000 食＝40 円

④ 1 食あたり費用

　　　① 200 円 ＋ ② 40 円 ＋ ③ 40 円 ＝ 280 円

材料　　製造員　　サンドイッチ
　　　　　　　　マシン

　これでよさそうです。販売価格も 1 食あたり費用と同額です。

（答 1）　　販売価格は、1 食 280 円

1 年あたりの機械費用が「減価償却費」ですが、「減価償却費」を加えて 1 食あたりの費用が求められ、販売価格をいくらにするか決められました。

解答 2

［考え方］
サンドイッチを 50,000 食販売したときの収益、費用を算定します。

第15章　固定資産の会計処理

事業収益　　280円×50,000食　＝　14,000,000円
職員給料　　　　　　　　　　　　　2,000,000円
食材仕入　　200円×50,000食　＝　10,000,000円
減価償却費　6,000,000円÷3年　＝　2,000,000円
（機械を使うのにかかった費用）

以上から、事業活動計算書は下記のとおりになります。

事業活動計算書

（単位：円）

		当年度	
収益	事業収益	14,000,000	（@ 280円）
費用	職員給料	2,000,000	（@ 40円）
	食材仕入	10,000,000	（@ 200円）
	減価償却費	2,000,000	（@ 40円）
	費用合計	14,000,000	（@ 280円）
当期活動増減差額		0	

　「減価償却費」が加わることで、サービスの提供にかかった費用がわかるようになり、サービスを提供した結果が、黒字であったか赤字であったか、採算がとれているか、わかるようになります。

185

4 減価償却の効果ってなに？

設備の買い替えに必要な資金を準備できること。

　先の設例で、法人Aの機械は3年間使用できますが、3年経ったら使えなくなるため、買い替えなければなりません。

　法人Aがサービスを続けるためには、3年間で機械の買い替えに必要な資金を残さなければなりませんが、1年目と同じように事業を続けて、3年後に必要な資金を残すことができるでしょうか。

設例 53 続き　法人Aの2年目、3年目

（問3）1年目と同じように事業を続けたときの1年目から3年目までの事業活動計算書を作成しなさい。

（問4）問3と同じ期間の資金収支計算書を作成し、各年度の期末の預金残高がいくらになるか計算しなさい。

第 15 章　固定資産の会計処理

解答 3

1 年目と同じように 2 年目、3 年目の事業活動計算書をつくります。

事業活動計算書

（単位：円）

		1 年目	2 年目	3 年目
収益	事業収益	14,000,000	14,000,000	14,000,000
費用	職員給料	2,000,000	2,000,000	2,000,000
	食材仕入	10,000,000	10,000,000	10,000,000
	減価償却費	2,000,000	2,000,000	2,000,000
	費用合計	14,000,000	14,000,000	14,000,000
当期活動増減差額		0	0	0

解答 4

[考え方]

サンドイッチを 50,000 食販売したときの収入、支出を算定します。

事業収入　　　280 円×50,000 食＝14,000,000 円
職員給料支出　　　　　　　　　　2,000,000 円
食材仕入支出　200 円×50,000 食＝10,000,000 円

このほか、1 年目に機械を購入して 6,000,000 円支払っているので、1 年目のみ機械取得支出を 6,000,000 円計上します。

以上から、資金収支計算書と各年度の預金残高は、次頁のとおりになります。

187

資金収支計算書

(単位：円)

		1 年目	2 年目	3 年目
収入	事業収入	14,000,000	14,000,000	14,000,000
支出	職員給料支出	2,000,000	2,000,000	2,000,000
	食材仕入支出	10,000,000	10,000,000	10,000,000
	機械取得支出	6,000,000	0	0
	支出合計	18,000,000	12,000,000	12,000,000
当期資金収支差額		△ 4,000,000	2,000,000	2,000,000

　当期資金収支差額によると、法人の資金が 1 年目は 4,000,000 円減少し、2 年目、3 年目は 2,000,000 円ずつ増加しています。

　そして預金残高は、当初 6,000,000 円でしたが、当期資金収支差額によって、1 年目は 4,000,000 円減少し、2,000,000 円になります。また 2 年目は 2,000,000 円増加し、4,000,000 円になり、3 年目も同様に増加し、6,000,000 円になります。

預金残高

(単位：円)

	1 年目	2 年目	3 年目
期首預金残高	6,000,000	2,000,000	4,000,000
期末預金残高	2,000,000	4,000,000	**6,000,000**

　3 年経過した時点で機械が使えなくなりましたが、手もとの預金残高が 6,000,000 円あるので、経営者はこの資金を元手に機械を買い替えることができます。

　このように「減価償却費」を計上し、当期活動増減差額が赤字にならないように運営することで、設備更新に必要な資金を残せるようになります。

第15章　固定資産の会計処理

5 減価償却費の計算を間違えるとどうなるの？

設備の買い替え資金を準備できないおそれがあります。

先の設例53で、機械を6年使えると勘違いして減価償却費を計算すると、どのような結果になるか、簡単な設例でみていきましょう。

設例54

・法人Bも、預金6,000,000円を元手にサンドイッチを販売する事業をはじめた。
・法人Bの経営者は3年間使用できるサンドイッチの製造機械を6年間使えるものと勘違いしていた。
・その他の条件は設例53の法人A（182ページ）と同じとする。

（問1）1食いくらで販売すればいいか答えなさい。
（問2）サンドイッチを50,000食販売したときの事業活動計算書を作成しなさい。
（問3）1年目と同じように事業を続けたときの1年目から3年目までの事業活動計算書を作成しなさい。
（問4）問3と同じ期間の資金収支計算書を作成し、各年度の期末の預金残高がいくらになるか計算しなさい。

解答1

[考え方]
サンドイッチを 1 食作るのにいくらかかるか費用を計算して、販売価格を同額にすればよさそうです。

[1 食あたり費用の計算]
1 食あたり食材費および 1 食あたり人件費は、設例 53 解答 1（183 ページ）と同じです。
①食材費　200 円
②人件費　　40 円
③機械費用
　　機械を 6 年間使用できると考えて、取得価額を 6 年で除して 1 年あたりの機械費用を算定し、さらに 1 年間の食数で除して、1 食あたりの機械費用を算定しました。

　　1 年あたりの機械費用　6,000,000 円÷6 年＝1,000,000 円
　　1 食あたりの機械費用　1,000,000 円÷50,000 食＝20 円

④ 1 食あたり費用
　　① 200 円＋② 40 円＋③ 20 円＝260 円

　販売価格も同額です。

（答 1）　　販売価格は、1 食 260 円

第 15 章　固定資産の会計処理

解答 2

　事業活動計算書の作成にあたって、サンドイッチを 50,000 食販売した
ときの収益、費用を算定します。

　　事業収益　　　260 円×50,000 食＝13,000,000 円
　　職員給料　　　　　　　　　　　2,000,000 円
　　食材仕入　　　200 円×50,000 食＝10,000,000 円
　　減価償却費※　　6,000,000 円÷6 年＝　1,000,000 円
　　（機械を使うのにかかった費用）
　　※機械を 6 年間使用できると考えて「減価償却費」を計算しています。

　以上から、事業活動計算書は下記のとおりになります。

事業活動計算書

（単位：円）

		当年度	
収益	事業収益	13,000,000	（@ 260 円）
費用	職員給料	2,000,000	（@ 40 円）
	食材仕入	10,000,000	（@ 200 円）
	減価償却費	1,000,000	（@ 20 円）
	費用合計	13,000,000	（@ 260 円）
当期活動増減差額		0	

解答3

1年目と同じように2年目、3年目の事業活動計算書をつくります。

事業活動計算書

(単位：円)

		1年目	2年目	3年目
収益	事業収益	13,000,000	13,000,000	13,000,000
費用	職員給料	2,000,000	2,000,000	2,000,000
	食材仕入	10,000,000	10,000,000	10,000,000
	減価償却費	1,000,000	1,000,000	1,000,000
	費用合計	13,000,000	13,000,000	13,000,000
当期活動増減差額		0	0	0

解答4

資金収支計算書の作成にあたって、サンドイッチを50,000食販売したときの収入、支出を算定します。

事業収入　　　260円×50,000食＝13,000,000円
職員給料支出　　　　　　　　2,000,000円
食材仕入支出　200円×50,000食＝10,000,000円

このほか、1年目に機械を購入して6,000,000円支払っているので、1年目のみ機械取得支出を6,000,000円計上します。

以上から、資金収支計算書と各年度の預金残高は、次頁のとおりになります。

第 15 章　固定資産の会計処理

資金収支計算書
（単位：円）

		1 年目	2 年目	3 年目
収入	事業収入	13,000,000	13,000,000	13,000,000
支出	職員給料支出	2,000,000	2,000,000	2,000,000
	食材仕入支出	10,000,000	10,000,000	10,000,000
	機械取得支出	6,000,000	0	0
	支出合計	18,000,000	12,000,000	12,000,000
当期資金収支差額		△ 5,000,000	1,000,000	1,000,000

　当期資金収支差額によると、法人の資金が 1 年目は 5,000,000 円減少し、2 年目、3 年目は 1,000,000 円ずつ増加しています。

　そして、預金残高は、当初 6,000,000 円でしたが、当期資金収支差額によって、1 年目は 5,000,000 円減少し、1,000,000 円になります。また 2 年目は 1,000,000 円増加し、2,000,000 円になり、3 年目も同様に増加し、3,000,000 円になります。

預金残高
（単位：円）

	1 年目	2 年目	3 年目
期首預金残高	6,000,000	1,000,000	2,000,000
期末預金残高	1,000,000	2,000,000	**3,000,000**

3 年後の預金残高は 3,000,000 円しかありません。

　3 年経過した時点で機械が壊れてしまい、事業を続けるには機械を買い替えなければなりませんが、手もとには 3,000,000 円しかなく、資金が足りません。

やむなく、経営者は 3,000,000 円借金することになりました。

　法人Bは各年度の事業活動計算書に赤字はなく、資金収支計算書も、2年目以降、当期資金収支差額が黒字なので、順調そうにみえました。

　それでも法人Bは買い替え資金を残せませんでしたが、それはなぜでしょうか？

　原因は「減価償却費」の計算誤りです。

　毎年の「減価償却費」が少なく計算され、実は採算がとれていないにもかかわらず、赤字ではないと勘違いしていたのが原因です。

　このように、「減価償却費」を誤って少なく計算すると、設備の買い替え時に資金不足となるおそれがあります。
　設備の更新資金を準備する観点からも、「減価償却費」を正しく計算することが求められます。

第 16 章

固定資産に対する補助金の
会計処理

1 固定資産等に対する補助金の受けとりの会計処理
2 国庫補助金等特別積立金を取り崩す会計処理

1 固定資産等に対する補助金の受けとりの会計処理

「施設整備等補助金収益」に計上した後、純資産の部の「国庫補助金等特別積立金」に積み立て

社会福祉法人は、固定資産等の取得にあたって、国または地方公共団体等から補助金を受けとることがありますが、当該補助金を「国庫補助金等」といいます。

国庫補助金等の目的は、社会福祉法人の資産の取得費を補助し、**サービス提供にかかる費用を軽減する**ことを通じて、利用者の負担を軽減することにあります。

固定資産等に対する補助金の受けとりの会計処理

固定資産等にたいする補助金は、臨時的な収益なので、補助金を受けとったときには、事業活動計算書の特別収益の勘定科目「施設整備等補助金収益勘定」を増やします。

そして、当該補助金収益によって純資産が増加しますが、国庫補助金等による純資産の増加であることが明らかとなるように、貸借対照表の純資産の勘定科目である「国庫補助金等特別積立金勘定」を増やし、次期繰越活動増減差額とは区分します。（前出第3章3「純資産の2つの内容」20ページ参照）

施設整備等補助金収益の計上と国庫補助金等特別積立金の増加にかかる会計の手順は以下のとおりです。

第16章　固定資産に対する補助金の会計処理

①固定資産にたいする補助金の受けとりを収益に計上
②①と同時に「国庫補助金等特別積立金積立額」という費用を同額計上して、純資産の部の「国庫補助金等特別積立金」を増加

> **設例 55**　固定資産にたいする補助金が3,000 普通預金に振り込まれた。

（1）まず普通預金の増加を仕訳に記入

（借方）普通預金	3,000	（貸方）　？	3,000

（2）貸方の科目

　　補助金の受けとりですから収益になります。固定資産にたいする補助金は、収益の勘定科目「施設整備等補助金収益勘定」を増やします。

(借方) 普通預金の増加	施設整備等補助金 収益の発生 (貸方)
普通預金	補助金

| (借方)普通預金　　3,000 | (貸方)施設整備等補助金収益　　3,000 |

(3)「国庫補助金等特別積立金積立額」という費用を計上

　国庫補助金等の対象は固定資産等であることから、上記の補助金収益に対応する費用が事業活動計算書にあがっていません。

　(2)の仕訳だけでは、「施設整備等補助金収益」により「当期活動増減差額」が増加することになり、多額の余剰金があがっているように見えます。

　そこで「施設整備等補助金収益」と同額の費用を計上することになりました。

　このときの費用の科目を「国庫補助金等特別積立金積立額」といいます。

(借方) 国庫補助金等特別積立金 積立額の発生	？ (貸方)
費用	

| (借方)国庫補助金等特別
　　　積立金積立額　　3,000 | (貸方)　　？　　　　3,000 |

（4）貸方の科目

　国等から、固定資産等にたいする補助金を受けとったので、貸借対照表の純資産の勘定科目「国庫補助金等特別積立金勘定」を増やします。
　純資産の増加は、（貸方）に記入します。

（借方）国庫補助金等特別 　　　積立金積立額　　3,000	（貸方）国庫補助金等 　　　特別積立金　　3,000

　上記の処理の結果、貸借対照表の純資産には、国等からもらった固定資産にたいする補助金残高があらわされるようになります。一方、事業活動計算書においては、補助金収益と同額の費用があがることにより、「当期活動増減差額」は0になります。

貸借対照表

【資産】	【純資産】
普通預金 　　3,000	国庫補助金等 特別積立金 　　3,000

事業活動計算書

【費用】	【収益】
国庫補助金等 特別積立金 積立額 　　3,000	施設整備等 補助金収益 　　3,000

2 国庫補助金等特別積立金を取り崩す会計処理

> 減価償却にあわせて「国庫補助金等特別積立金」を取り崩して収益に計上

貸借対照表において、固定資産と固定資産等にたいする補助金は、下記のとおりにあらわされます。

貸借対照表

【資産】	【負債】
建物	借入金
	【純資産】 国庫補助金等特別積立金

社会福祉法人にたいする国庫補助金等の目的は、サービスの提供にかかる費用を助成することなので、**固定資産を減価償却するときに、「国庫補助金等特別積立金」を取り崩して収益を計上し、減価償却費から差し引きます。**

「国庫補助金等特別積立金」の取り崩し処理の手順は、以下のとおりです。
①固定資産の「減価償却費」を計上
②「減価償却費」に補助金割合を乗じて取り崩し額を算定
③「国庫補助金等特別積立金取崩額」という収益を計上して
　純資産の部の「国庫補助金等特別積立金」を減少

第16章 固定資産に対する補助金の会計処理

> **設例 56** 機械の取得価額は 6,000、使用可能期間は 3 年であり、機械の取得にたいする補助金の額は 3,000 である。国庫補助金等特別積立金の取り崩しの処理をおこないなさい。

(1) 国庫補助金等特別積立金の取崩額を計算

①機械の減価償却費を計算
　6,000 ÷ 3 年 = 2,000

②補助金の割合を計算
　$\dfrac{補助金}{取得価額} = \dfrac{3,000}{6,000} = 50\%$

③補助金取崩額の計算
　減価償却費×補助金割合 = 2,000×50% = 1,000

(2)「国庫補助金等特別積立金取崩額」という収益を計上

　機械の減価償却費にあわせて、機械に対する補助金を取り崩すので収益の勘定科目、「国庫補助金等特別積立金取崩額勘定」を増やします。

(3) 借方の科目

　機械に対する補助金を取り崩すことにより、国等からもらった補助金の残高が減少します。よって「国庫補助金等特別積立金」を借方に記入。

(4) 国庫補助金等特別積立金の残高

　取り崩しによって国庫補助金等特別積立金の残高が減り、取り崩し後の残高が次年度に繰り越されます。

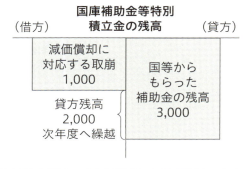

　次年度以降も引き続き、固定資産の減価償却にあわせて「国庫補助金等特別積立金」を取り崩し、収益に計上します。

第 16 章　固定資産に対する補助金の会計処理

社会福祉法人の固定資産に補助金を交付すると利用者の負担が軽減されるの？

先の 設例 53 において、法人 A の機械にたいして補助金が 3,000,000 円交付された場合に、①サンドイッチの販売価格と、②事業活動計算書がどのように変わるか、みてみましょう。

①サンドイッチの販売価格

[1 食あたり機械費用の計算]
　機械の取得価額から補助金を差し引いて、機械の購入にかかった自己負担額を算定し、そのほかは 設例 53 の解答と同じように計算します。

　自己負担額　6,000,000 円 − 3,000,000 円 = 3,000,000 円
　1 年あたりの機械費用（自己負担）　3,000,000 円 ÷ 3 年 = 1,000,000 円
　1 食あたりの機械費用（自己負担）　1,000,000 円 ÷ 50,000 食 = 20 円

　1 食あたりの費用は、食材費等 240 円に機械費用の自己負担分 20 円を加えて、260 円となります。販売価格も同様に 260 円です。
　補助金がなかったときは、1 食 280 円でしたが、法人 A に補助金を交付したことにより、1 食 260 円に値だんが下がり、利用者はサンドイッチを 20 円安く買えるようになりました。

②事業活動計算書

　サンドイッチを 50,000 食販売したときの収益、費用は次頁のとおり。

事業収益	260 円×50,000 食 = 13,000,000 円
職員給料	2,000,000 円
食材仕入	200 円×50,000 食 = 10,000,000 円
減価償却費	6,000,000 円÷3 年 = 2,000,000 円
▲国庫補助金等特別 積立金取崩額	▲ 2,000,000 円×50% = ▲ 1,000,000 円

事業活動計算書

(単位：円)

		当年度	
収益	事業収益	13,000,000	(@ 260 円)
費用	職員給料	2,000,000	(@ 40 円)
	食材仕入	10,000,000	(@ 200 円)
	減価償却費	2,000,000	(@ 40 円)
	▲国庫補助金等特別 積立金取崩額	▲ 1,000,000	(▲@ 20 円)
	費用合計	13,000,000	(@ 260 円)
当期活動増減差額		0	

　固定資産にたいする補助金によって、法人の費用負担が減り、これを受けて収益単価が下がることにより、利用者の負担が軽減されます。

第 17 章

資金収支計算書の作成

1 収入と支出にかかる取引
2 資金の範囲
3 収入の発生とは
4 支出の発生とは
5 資金の仕訳処理の点検
6 資金仕訳の転記と勘定の計算
7 資金収支試算表の作成
8 資金収支計算書の作成

1 収入と支出にかかる取引

資金の増加が収入、資金の減少が支出

　社会福祉法人会計は、資金収支計算書を作成するために、前章までの仕訳とは別に、資金が増加したときに収入を計上し、資金が減少したときに支出を計上します。

　収入、支出が生じる取引のイメージは以下の通りです。

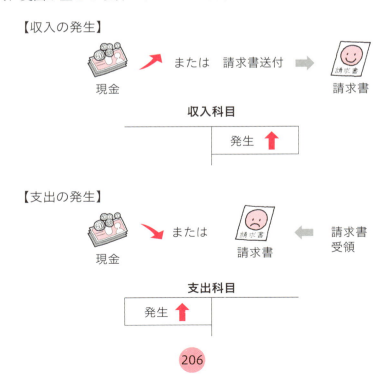

第17章　資金収支計算書の作成

2　資金の範囲

> 資金の範囲には現金預金のほか、未収金などの短期債権ならびに未払金などの短期債務も含まれる。

　第4章の資金収支計算書の設例3(25ページ)では、「資金」は現金と一致し、現金が増加するときに収入、現金が減少するときに支出を計上しました。しかしながら、社会福祉法人会計における資金は現金預金に限りません。

　81ページのコラム「入金時に収益を計上するのは誤りか？」で解説したとおり、社会福祉法人会計では、事業実績をあらわした収入、支出を報告する観点から、**請求にもとづいて収入あるいは支出を計上することとなります。**

［介護サービスの実績にあわせた収入の計上］

したがって、社会福祉法人会計では、「事業未収金」が増えたときに「資金」も増えたものとして「収入」を計上し、また「事業未払金」が増えたときに「資金」が減ったものとして「支出」を計上することになりました。

　そのため、資金項目には現金預金のほか、**未収金その他の短期の債権ならびに未払金その他の短期の債務も、資金の範囲に含まれることとなりました。**

　また、社会福祉法人の資金残高は、現金預金・有価証券・未収金その他の短期債権の合計から、未払金その他の短期債務を差し引いた差額によって求めることになりました。

【社会福祉法人会計の資金項目と資金残高】

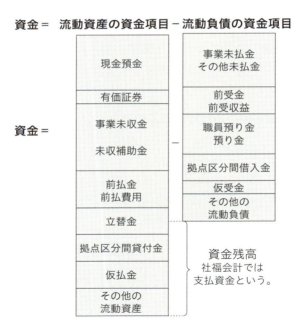

3 収入の発生とは

事業収益や補助金収益のほか、設備資金借入金の入金、積立資産の取り崩しなど

　収益を計上して事業未収金や未収補助金が増加したとき、あるいは前受金や前受収益が減少したときに「資金」が増加し、収入が発生します。
　また、収益の取引以外にも、長期運営資金や設備資金の借り入れ、退職給付引当資産や積立資産の取り崩しによって、流動資産の部の現金預金が増加したときも、資金が増えるため、「収入」が発生します。

【資金の増加】

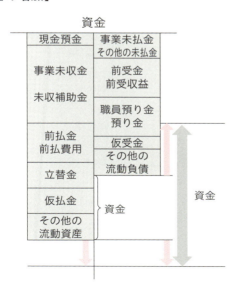

4 支出の発生とは

> 費用の支払（未払を含む）や固定資産の購入のほか、設備資金借入金の返済、預金の積み立てなど資金が減ったときに支出が発生

　費用の計上、固定資産の購入により、事業未払金やその他の未払金が増加したとき、あるいは前払金や前払費用が減少したときに「資金」が減少し、支出が発生します。

　上記のほか、長期運営資金借入金や設備資金借入金の返済、退職給付引当資産の支払や預金の積み立てによって、現金預金が減少したときも、資金が減少するため、「支出」が発生します。

【資金の減少】

第17章 資金収支計算書の作成

 資金の仕訳処理の点検

> 資金の増加または減少に着目して、
> 収入処理・支出処理を点検

　実務では、会計担当者が作成した仕訳をもとに、財務会計システムの自動処理によって、収入処理あるいは支出処理がおこなわれます。

　下記の1.～6.は、収益の発生と収入の発生が一致しない取引あるいは費用と支出が一致しない取引です。

　それぞれの取引の仕訳と「資金」の動き、そして【資金の仕訳処理】を点検してみましょう。

1. 車両の購入

　前出の設例51（174ページ）で車両を購入したときの仕訳は以下のとおりでした。

（借方）車輌運搬具　　　300	（貸方）その他の未払金　　300
（固定資産の増加）	（流動負債の増加）
（資金科目以外）	**（資金科目）**

　車両の購入前と購入後の資金残高を比べると、「資金」が減っています。したがって、資金支出の仕訳が必要です。

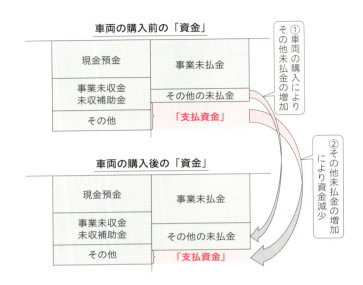

　車両の購入により資金が減ったため、支出科目は「車輌運搬具取得支出」になります。

【資金の仕訳処理】

| (借方)車輌運搬具取得支出　300 | (貸方)支払資金　　　　　　300 |

2. 車両の減価償却

　前出の設例52（179ページ）で車両の減価償却の仕訳は以下のとおりでした。

| (借方)減価償却費　　　　　50
　　　（費用の発生）
　　（資金科目以外） | (貸方)車輌運搬具　　　　　50
　　　（固定資産の減少）
　　（資金科目以外） |

仕訳に「資金科目」の動きはありません。
したがって、【資金の仕訳処理】は不要です。

3. 都道府県等の退職共済制度にかかる退職共済掛け金の支払い

前出の設例50（169ページ）で退職共済掛け金を支払ったときの仕訳は以下のとおりでした。

（借方）職員預り金　　　　　25 　　　　（流動負債の減少） 　　　　**（資金科目）** 　　　　退職給付引当資産　　　25 　　　　（固定資産の増加） 　　　　**（資金科目以外）**	（貸方）普通預金　　　　　　25 　　　　（流動資産の減少） 　　　　**（資金科目）** 　　　　普通預金　　　　　　　25 　　　　（流動資産の減少） 　　　　**（資金科目）**

「退職給付引当資産」の支払い前と支払い後の資金残高を比べると、「資金」が減っています。したがって、資金支出の仕訳が必要です。

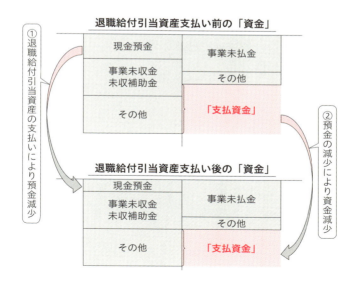

退職給付引当資産の支払いにより資金が減ったため、支出科目は「退職給付引当資産支出」になります。

【資金の仕訳処理】

(借方)退職給付引当資産支出　　25	(貸方)支払資金　　　　　　　25

4. 都道府県等の退職共済制度にかかる退職給付費用の計上

前出の設例50続き（171ページ）で退職給付費用の仕訳は以下のとおりでした。

(借方)退職給付費用　　　　　25 　　　（費用の発生） 　　　**（資金科目以外）**	(貸方)退職給付引当金　　　　25 　　　（固定負債の増加） 　　　**（資金科目以外）**

仕訳に「資金科目」の動きはありません。

したがって、【資金の仕訳処理】は不要です。

5. 設備資金借入金の借り入れ

設例57 設備資金として福祉医療機構から1,000借り入れ、普通預金に振り込まれた。

仕訳は下記のとおりになります。

（借方）普通預金　　　　　1,000 　　　（流動資産の増加） **（資金科目）**	（貸方）設備資金借入金　　1,000 　　　（固定負債の増加） **（資金科目以外）**

「設備資金借入金」の借入前と借入後の資金残高を比べると、「資金」が増えています。したがって、資金収入の仕訳が必要です。

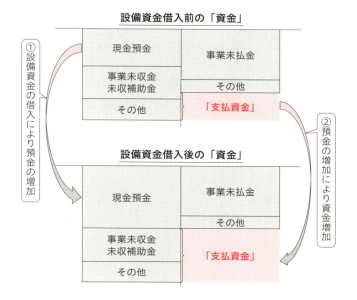

設備資金の借り入れにより資金が増えたため、収入科目は「設備資金借入金収入」になります。

【資金の仕訳処理】

（借方）支払資金 　　　　　1,000	（貸方）設備資金借入金収入　1,000

6. 設備資金借入金の返済

設例 58 　設備資金借入金を 100 返済し、普通預金から支払った。

仕訳は下記のとおりになります。

（借方）設備資金借入金　　　100 （固定負債の減少） **（資金科目以外）**	（貸方）普通預金　　　　　　100 （流動資産の減少） **（資金科目）**

「設備資金借入金」の返済前と返済後の資金残高を比べると、「資金」が減っています。したがって、資金支出の仕訳が必要です。

第 17 章　資金収支計算書の作成

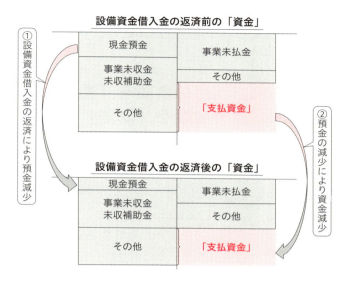

　設備資金借入金の返済により資金が減ったため、支出科目は「設備資金借入金元金償還支出」になります。

【資金の仕訳処理】

| （借方）設備資金借入金
　　　　元金償還支出　　　100 | （貸方）支払資金　　　　　　　100 |

6 資金仕訳の転記と勘定の計算

> 資金仕訳の借方科目の金額を「勘定」の借方に記入、貸方科目の金額を「勘定」の貸方に記入。

資金の仕訳が、資金収支科目の「勘定」に転記されます。

> **設例 59** 次の資金の仕訳が、どのように勘定に転記され、勘定残高が
> どのように計算されるか、みてみましょう。

【資金の仕訳】

	（借方）	金額	（貸方）	金額
4／23	支払資金	200	介護報酬収入	200
4／25	職員給料支出	180	支払資金	180
4／25	支払資金	100	長期運営資金借入金収入	100
4／30	長期運営資金借入金元金償還支出	10	支払資金	10
4／30	車両運搬具取得支出	100	支払資金	100

（1）借方科目の転記

資金仕訳の借方科目の金額が「勘定」の借方に記入されます。

第 17 章　資金収支計算書の作成

（2）貸方科目の転記

資金仕訳の貸方科目の金額が「勘定」の貸方に記入されます。

（3）勘定の計算

「勘定」の借方合計、貸方合計、残高が計算されます。

【転記と勘定の計算】

職員給料支出			
4/25	180		
借方残高	180		

介護報酬収入			
		4/23	200
		貸方残高	200

長期運営資金借入金元金償還支出			
4/30	10		
借方残高	10		

長期運営資金借入金収入			
		4/25	100
		貸方残高	100

車両運搬具取得支出			
4/30	100		
借方残高	100		

支払資金			
4/23	200		
4/25	100		
		4/25	180
		4/30	10
		4/30	100
		貸方合計	290
借方合計	300		
借方残高	10		

219

7 資金収支試算表の作成

資金仕訳の転記、各勘定の計算が正しいか点検するための一覧表

先の設例59による「勘定」から作成される資金収支試算表をみてみましょう。

【勘定】

介護報酬収入

	4/23	200
	貸方残高	200

職員給料支出

4/25	180
借方残高	180

車両運搬具取得支出

4/30	100
借方残高	100

長期運営資金借入金収入

	4/25	100
	貸方残高	100

長期運営資金借入金元金償還支出

4/30	10
借方残高	10

支払資金

4/23	200		
4/25	100		
		4/25	180
		4/30	10
		4/30	100
		貸方合計	290
借方合計	300		
借方残高	10		

【試算表】

資金収支試算表
×年4月30日

借方			勘定科目	貸方		
残高	取引計	前月繰越		前月繰越	取引計	残高
			介護報酬収入		200	200
180	180		職員給料支出			
100	100		車輌運搬具取得支出			
			長期運営資金借入金収入		100	100
10	10		長期運営資金借入金元金償還支出			
10	300		支払資金		290	
300	590	0		0	590	300

借方取引計＝貸方取引計
借方残高　　＝貸方残高

第 17 章　資金収支計算書の作成

8 資金収支計算書の作成

資金収支決算試算表に基づいて作成

　資金収支試算表にもとづいて資金収支計算書が作成されます。先の設例59による「資金収支試算表」をもとに作成される「資金収支計算書」をみてみましょう。

資金収支試算表
×年4月30日

借方			勘定科目	貸方		
残高	取引計	前月繰越		前月繰越	取引計	残高
			介護報酬収入		200	200
180	180		職員給料支出			
100	100		車輌運搬具取得支出			
			長期運営資金借入金収入		100	100
10	10		長期運営資金借入金元金償還支出			
10	300		支払資金		290	
300	590	0		0	590	300

資金収支計算書
×年4月1日～×年4月30日

	勘定科目	金額
収入	介護報酬収入	200
	長期運営資金借入金収入	100
	収入合計	300
支出	職員給料支出	180
	車輌運搬具取得支出	100
	長期運営資金借入金元金償還支出	10
	支出合計	290
	当期資金収支差額合計	10
	当期末支払資金残高	10

221

以上の一連の流れと資金収支計算書のイメージは、以下の図のとおりです。

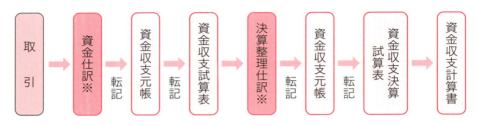

※ 財務システムの自動処理により作成されます。
　　資金仕訳を点検し、誤りを修正して完成させます。

巻末資料①

社会福祉法人の主な勘定科目

1. 資産の勘定科目（主な科目）

勘定科目	内　　容
現金預金	現金、預金、貯金等
事業未収金	事業収益にたいする未収の債権
未収補助金	補助金等の未収額
貯蔵品	消耗品等で未使用の物品
商品・製品	販売を目的として所有する物品
原材料	製造または加工目的で所有する未使用の物品
立替金	一時的な立替払い
前払費用	賃料の前払など
拠点区分間貸付金	同一事業区分内の他の施設等へ貸付けた債権
仮払金	処理すべき科目または金額が確定しない場合の支出額を一時的に処理する科目
基本財産　土地	基本財産に帰属する土地
基本財産　建物	基本財産に帰属する建物および建物附属設備
基本財産　定期預金	定款に基本財産と定められた定期預金
基本財産　投資有価証券	定款に基本財産と定められた有価証券
その他の固定資産　土地	基本財産以外の土地
その他の固定資産　建物	基本財産以外の建物および建物附属設備
構築物	門、へい、舗装工事、植栽工事等、建物以外の土地に固着している建造物
機械及び装置	機械および装置
車輌運搬具	送迎用バス、乗用車、入浴車等
器具及び備品	ベッド、エアコン、パソコン等の器具および備品。ただし取得価額が〇〇万円以上で、耐用年数が１年以上のものに限る

建設仮勘定	建設、改造などの工事が完了し、稼動するまでに発生する請負前渡金、建設材料等の買入代金等
有形リース資産	有形固定資産のうちリースにかかる資産
権利	法律上または契約上の権利
ソフトウェア	コンピュータソフトウェア
無形リース資産	無形固定資産のうちリースにかかる資産
投資有価証券	長期的に所有する債券、株式等で基本財産以外のもの
退職給付引当資産	退職金の支払いに充てるために退職給付引当金に対応して引き当てた現金預金等。都道府県等が実施する退職共済制度の掛金の累計額(簡便法)
○○積立資産	将来の特定の目的のために積立てた現金預金等。○○は積立の目的を付す
差入保証金	賃貸用不動産に入居する際に差し入れる敷金、保証金等
長期前払費用	保険料の長期前払など、長期契約による対価の前払分で、貸借対照表日の翌日から起算して1年を超えて費用化される未経過分

2. 負債の勘定科目（主な科目）

勘定科目	内　　容
短期運営資金借入金	借入期間が1年以内の借入金(役員借入を除く)
事業未払金	事業活動等に伴う費用等の未払い債務
その他の未払金	上記以外の未払金(施設整備等の未払金を含む)
役員等短期借入金	役員・評議員からの短期借入金
1年以内返済予定設備資金借入金	設備資金借入金のうち、貸借対照表日の翌日から起算して1年以内に支払の期限が到来するもの

1 年以内返済予定長期運営資金借入金	長期運営資金借入金のうち、貸借対照表日の翌日から起算して 1 年以内に支払の期限が到来するもの
1 年以内返済予定リース債務	リース債務のうち、貸借対照表日の翌日から起算して 1 年以内に支払の期限が到来するもの
1 年以内返済予定役員等長期借入金	役員等長期借入金のうち、貸借対照表日の翌日から起算して 1 年以内に支払の期限が到来するもの
1 年以内支払予定長期未払金	長期未払金のうち、貸借対照表日の翌日から起算して 1 年以内に支払の期限が到来するもの
未払費用	賃金、支払利息、賃借料など継続的な役務給付にかかる費用の未払
預り金	職員以外の者からの一時的な預り金
職員預り金	源泉徴収所得税、社会保険料徴収等、職員に関する一時的な預り金
前受金	品物等の売却代金または役務提供の対価の前受額
拠点区分間借入金	同一事業区分内の他の施設等から借り入れた債務
仮受金	処理すべき科目または金額が確定しない場合の収入金額を一時的に処理する科目
賞与引当金	支給対象期間に基づき定期に支給する職員賞与にかかる引当金
設備資金借入金	施設整備にかかる外部からの借入金で、貸借対照表日の翌日から起算して支払の期限が 1 年を超えて到来するもの
長期運営資金借入金	経常経費にかかる外部からの借入金で、貸借対照表日の翌日から起算して支払の期限が 1 年を超えて到来するもの
リース債務	リース料総額から利息相当額を控除した金額で、貸借対照表日の翌日から起算して支払の期限が 1 年を超えて到来するもの
役員等長期借入金	役員・評議員からの借入金で貸借対照表日の翌日から起算して支払の期限が 1 年を超えて到来するもの

退職給付引当金	将来支給する退職金のうち、当該会計年度末までに発生していると認められる金額。都道府県等が実施する退職共済制度の掛金に対応して引き当てた引当金（簡便法）
長期未払金	固定資産にたいする未払債務（リース債務除く）等で貸借対照表日の翌日から起算して支払の期限が1年を超えて到来するもの
長期預り金	固定負債で長期預り金（ケアハウス等における入居者からの管理費等預り額）

3. 純資産の勘定科目

勘定科目	内　容
基本金	(1) 法人設立、施設創設・増築等のために基本財産等の取得に指定された寄付金 (2) 前号の資産等の取得にかかる設備資金借入金の償還に指定された寄付金 (3) 施設創設・増築時等の運転資金に充てるために受け入れた寄付金
国庫補助金等特別積立金	(1) 施設・設備の整備のために国および地方公共団体等から受領した補助金、助成金および交付金等 (2) 設備資金借入金の返済に合わせて交付される補助金等のうち、施設・設備整備時に交付が見込まれ、実質的に施設・設備整備に対する補助金等に相当するもの
○○積立金	将来における特定の目的のために、繰越活動増減差額から積み立てたもの。○○は積立の目的を付す

4. 収益の勘定科目

〈**主な事業収益科目**〉

（1）介護保険事業　本文（41ページ）参照

（2）保育事業収益

勘定科目	内　容
施設型給付費収益	
施設型給付費収益	施設型給付費の代理受領分
利用者負担金収益	施設型給付費における利用者負担金
特例施設型給付費収益	
特例施設型給付費収益	特例施設型給付費の代理受領分
利用者負担金収益	特例施設型給付費における利用者負担金
地域型保育給付費収益	
地域型保育給付費収益	地域型保育給付費の代理受領分
利用者負担金収益	地域型保育給付費における利用者負担金
特例地域型保育給付費収益	
特例地域型保育給付費収益	特例地域型保育給付費の代理受領分
利用者負担金収益	特例地域型保育給付費における利用者負担金
委託費収益	私立認可保育所における保育の実施等に関する運営費収益
利用者等利用料収益	
利用者等利用料収益（公費）	実費徴収額（保護者が支払うべき日用品、文房具等の費用または行事参加費用等）にかかる補足給付
利用者等利用料収益（一般）	実費徴収額（保護者が支払うべき日用品、文房具等または行事参加費等）のうち補足給付以外の収益
その他の利用料収益	特定負担額など上記に属さない利用者からの収益
私的契約利用料収益	保育所等における私的契約にもとづく利用料収益

巻末資料①

（3）就労支援事業

勘定科目	内　容
就労支援事業収益 　〇〇事業収益	就労支援事業の内容（製造製品の売上、仕入れ商品の売上、受託加工の別等）を示す名称を付した科目で記載する

（4）障害福祉サービス事業

勘定科目	内　容
自立支援給付費収益	
介護給付費収益	介護給付費の代理受領分
特例介護給付費収益	特例介護給付費の受領分
訓練等給付費収益	訓練等給付費の代理受領分
特例訓練等給付費収益	特例訓練費等給付費の受領分
地域相談支援給付費収益	地域相談支援給付費の代理受領分
特例地域相談支援給付費収益	特例地域相談支援給付費の受領分
計画相談支援給付費収益	計画相談支援給付費の代理受領分
特例計画相談支援給付費収益	特例計画相談支援給付費の受領分
障害児施設給付費収益	
障害児通所給付費収益	障害児通所給付費の代理受領分を
特例障害児通所給付費収益	特例障害児通所給付費の代理受領分
障害児入所給付費収益	障害児入所給付費の代理受領分
障害児相談支援給付費収益	障害児相談支援給付費の代理受領分
特例障害児相談支援給付費収益	特例障害児相談支援給付費の受領分
利用者負担金収益	利用者本人（障害児においては、その保護者）の負担収益
補足給付費収益	

229

勘定科目	内　容
特定障害者特別給付費収益	特定障害者特別給付費の代理受領分
特例特定障害者特別給付費収益	特例特定障害者特別給付費の代理受領分
特定入所障害児食費等給付費収益	特定入所障害児食費等給付費の代理受領分
特定費用収益	利用者から受ける日用品費等

（5）その他主な収益科目

勘定科目	内　容
経常経費寄附金収益	経常経費にたいする寄付金および寄付物品
借入金利息補助金収益	借入金利息にかかる地方公共団体からの補助金等
受取利息配当金収益	預貯金、有価証券、貸付金等の利息および配当金
その他のサービス活動外収益	
受入研修費収益	研修の受入にたいする収益
利用者等外給食収益	職員等、利用者以外に提供した食事に対する収益
雑収益	上記に属さないサービス活動外による収益
施設整備等補助金収益	施設整備および設備整備にかかる地方公共団体等からの補助金等
設備資金借入金元金償還補助金収益	設備資金借入金の元金償還にかかる地方公共団体等からの補助金等
施設整備等寄附金収益	施設整備および設備整備にかかる寄付金、施設の創設・増築時等に受けとった運転資金寄付金
設備資金借入金元金償還寄附金収益	設備資金借入金の元金償還にかかる寄付金
○○受贈額	土地などの固定資産の受贈額。○○は受贈した資産の科目名を付す
拠点区分間繰入金収益	事業区分内における他の施設等からの繰入金収益
拠点区分間固定資産移管収益	事業区分内における他の施設等からの固定資産の移管収益

○○積立金取崩額	その他の積立金の取崩額。○○は積立目的を付す

5. 費用の科目（主な科目）

勘定科目	内　容
職員給料	常勤職員に支払う俸給・諸手当
職員賞与	常勤職員に支払う賞与のうち会計期間にかかる部分
賞与引当金繰入	翌会計期間に確定する賞与のうち、当該会計期間にかかる部分
非常勤職員給与	非常勤職員に支払う俸給・諸手当・賞与
派遣職員費	派遣会社に支払う金額
退職給付費用	職員にたいする退職一時金、退職年金等、将来の退職給付のうち、当該会計期間の負担に属する金額（役員部分を除く）
法定福利費	法人が負担する社会保険料、労働保険料等
事業費の中区分科目	本文参照(114ページ)
事務費の中区分科目	本文参照(118ページ)
就労支援事業販売原価	
期首製品(商品)棚卸高	就労支援事業にかかる期首の製品・商品の棚卸高
当期就労支援事業製造原価	就労支援事業にかかる材料費、労務費、外注加工費、経費
当期就労支援事業仕入高	就労支援事業にかかる製品・商品の仕入高
期末製品(商品)棚卸高	就労支援事業にかかる期末の製品・商品の棚卸高
就労支援事業販管費	就労支援事業にかかる販売費および一般管理費
利用者負担軽減額	利用者負担を軽減した場合の軽減額
減価償却費	固定資産の減価償却の額

国庫補助金等特別積立金取崩額	固定資産等の減価償却費等に対応して取り崩された国庫補助金等特別積立金の額
徴収不能額	金銭債権の徴収不能額のうち、徴収不能引当金で塡補されない金額
徴収不能引当金繰入	徴収不能引当金に繰入れる額
支払利息	借入金の利息、支払リース料のうち利息相当額
その他のサービス活動外費用	
利用者等外給食費	職員、来訪者等利用者以外に提供した食材および食品の費用
雑損失	上記に属さないサービス活動外による費用
基本金組入額	基本金の組入額
建物売却損・処分損 車輌運搬具売却損・処分損 器具及び備品売却損・処分損 その他の固定資産売却損・処分損	建物を除却・売却したときの処分損 車両運搬具を売却・除却したときの処分損 器具および備品を売却・処分したときの処分損 上記以外の固定資産を売却、処分したときの処分損
国庫補助金等特別積立金取崩額（除却等）	国庫補助金等の対象となった固定資産等の廃棄等に伴って国庫補助金等特別積立金を取り崩した額
国庫補助金等特別積立金積立額	固定資産等の取得を目的として交付された国庫補助金等を国庫補助金等特別積立金に積み立てた額
拠点区分間繰入金費用	事業区分内における他の施設等への繰入金費用
拠点区分間固定資産移管費用	事業区分内における他の施設等への固定資産の移管費用
○○積立金積立額	その他の積立金の積立額。○○は積立目的を付す

巻末資料①

6. 収入の科目（主な科目のうち収益と重複しない科目）

勘定科目	内　容
設備資金借入金収入	設備資金借入金の受入による収入
長期運営資金借入金収入	長期運営資金借入金の受入による収入
役員等長期借入金収入	役員・評議員からの長期借入金の受入による収入
退職給付引当資産取崩収入	退職給付引当資産の取崩しによる収入
○○積立資産取崩収入	積立資産の取崩しによる収入。○○は積立の目的を付す

7. 支出の科目（主な科目のうち費用と重複しない科目）

勘定科目	内　容
職員賞与支出	常勤職員に支払う賞与
退職給付支出	退職共済制度などにたいして、法人が拠出する掛金額（都道府県等が実施する退職共済制度の掛金支出を除く。）および退職手当の支払金額
管理費返還支出	老人福祉事業における管理費の返還支出
徴収不能額	金銭債権のうち徴収不能を処理した額
設備資金借入金元金償還支出	設備資金借入金の元金償還額（1年以内返済予定設備資金借入金の償還額を含む）
土地取得支出 建物取得支出 車輌運搬具取得支出 器具及び備品取得支出 ○○取得支出	土地を取得するための支出 建物を取得するための支出 車両運搬具を取得するための支出 固定資産に計上される器具および備品を取得するための支出 上記以外を取得するための支出
固定資産除却・廃棄支出	建物の取壊支出、固定資産の除却、廃棄等にかかる支出

233

ファイナンス・リース債務の返済支出	ファイナンス・リース債務の返済額（1年以内返済予定リース債務の返済額を含む）
長期運営資金借入金元金償還支出	長期運営資金借入金の元金償還額。（1年以内返済予定長期運営資金借入金の償還額を含む）
役員等長期借入金元金償還支出	役員・評議員からの長期借入金の返済額
退職給付引当資産支出	退職給付引当資産への積立による支出、都道府県等が実施する退職共済制度の掛金支出
長期預り金積立資産支出	長期預り金積立資産への積立による支出
○○積立資産支出	積立資産への積立による支出をいう。○○は積立の目的を付す

巻末資料②

社会福祉法人の
拠点区分決算書の参考例
（社会福祉法人〇〇会〇〇保育園
　　　　　　　拠点区分の決算書）

○○保育園資金収支計算書

第1号第4様式

○○保育園拠点区分　資金収支計算書

自　　×1年4月1日　　至　　×2年3月31日

A	B	C	D	E	F	G	
		勘定科目	予算（A）	決算（B）	差異（A）-（B）	備考	
事業活動による収支	収入	保育事業収入	463,000	463,000	0		1
		委託費収入	270,000	270,000	0		2
		その他の事業収入	193,000	193,000	0		3
		補助金事業収入	193,000	193,000	0		4
		借入金利息補助金収入	840	840	0		5
		経常経費寄附金収入	100	200	△100		6
		受取利息配当金収入	100	100	0		7
		その他の収入	1,450	1,300	150		8
		利用者等外給食費収入	1,300	1,200	100		9
		雑収入	150	100	50		10
		事業活動収入計（1）	465,490	465,440	50		11
	支出	人件費支出	386,200	384,650	1,550		12
		職員給料支出	260,000	259,000	1,000		13
		職員賞与支出	76,000	76,000	0		14
		退職給付支出	3,700	3,650	50		15
		法定福利費支出	46,500	46,000	500		16
		事業費支出	44,850	44,480	370		17
		給食費支出	23,000	22,800	200		18
		保育材料費支出	8,100	8,000	100		19
		水道光熱費支出	8,250	8,200	50		20
		消耗器具備品費支出	5,500	5,480	20		21
		事務費支出	9,900	9,850	50		22
		修繕費支出	3,400	3,400	0		23
		業務委託費支出	5,500	5,450	50		24
		保険料支出	1,000	1,000	0		25
		支払利息支出	840	840	0		26
		その他の支出	1,300	1,200	100		27
		利用者等外給食費支出	1,300	1,200	100		28
		事業活動支出計（2）	443,090	441,020	2,070		29
		事業活動資金収支差額（3）＝（1）-（2）	22,400	24,420	△2,020		30

236

巻末資料②

A	B	C	D 予算(A)	E 決算(B)	F 差異(A)−(B)	G 備考	
		勘定科目	予算(A)	決算(B)	差異(A)−(B)	備考	
施設整備等による収支	収入	施設整備等補助金収入	1,000	1,000	0		31
		施設整備等補助金収入	1,000	1,000	0		32
		施設整備等寄附金収入	800	800	0		33
		設備資金借入金元金償還寄附金収入	800	800	0		34
		施設整備等収入計(4)	1,800	1,800	0		35
	支出	設備資金借入金元金償還支出	8,000	8,000	0		36
		固定資産取得支出	12,100	11,000	1,100		37
		建物取得支出	10,000	9,000	1,000		38
		構築物取得支出	2,100	2,000	100		39
		施設整備等支出計(5)	20,100	19,000	1,100		40
		施設整備等資金収支差額(6)=(4)−(5)	△18,300	△17,200	△1,100		41
その他の活動による収支	収入	積立資産取崩収入	10,600	10,550	50		42
		退職給付引当資産取崩収入	600	550	50		43
		修繕積立資産取崩収入	10,000	10,000	0		44
		その他の活動収入計(7)	10,600	10,550	50		45
	支出	積立資産支出	8,600	8,600	0		46
		退職給付引当資産支出	3,600	3,600	0		47
		人件費積立資産支出	5,000	5,000	0		48
		拠点区分間繰入金支出	100	100	0		49
		その他の活動支出計(8)	8,700	8,700	0		50
		その他の活動資金収支差額(9)=(7)−(8)	1,900	1,850	50		51
予備費支出(10)			5,000	—	4,000		52
			△1,000				53
当期資金収支差額合計(11)=(3)+(6)+(9)−(10)			2,000	9,070	△7,070		54
前期末支払資金残高(12)			59,200	59,200	0		55
当期末支払資金残高(11)+(12)			61,200	68,270	△7,070		56

（注）予備費支出△1,000は修繕費支出に充当使用した額である。

237

○○保育園事業活動計算書

第2号第4様式

○○保育園拠点区分　事業活動計算書
自　　×1年4月1日　　至　　×2年3月31日

A	B		C	当年度決算(A)	前年度決算(B)	増減(A)-(B)	
			勘定科目				
	収益		保育事業収益	463,000	455,000	8,000	1
			委託費収益	270,000	265,000	5,000	2
			その他の事業収益	193,000	190,000	3,000	3
			補助金事業収益	193,000	190,000	3,000	4
			経常経費寄附金収益	200	0	200	5
			その他の収益	100	100	0	6
			サービス活動収益計（1）	463,300	455,100	8,200	7
サービス活動増減の部	費用		人件費	388,700	384,400	4,300	8
			職員給料	259,000	257,500	1,500	9
			職員賞与	52,000	51,500	500	10
			賞与引当金繰入	25,000	24,000	1,000	11
			退職給付費用	6,700	6,400	300	12
			法定福利費	46,000	45,000	1,000	13
			事業費	44,480	42,900	1,580	14
			給食費	22,800	21,800	1,000	15
			保育材料費	8,000	7,200	800	16
			水道光熱費	8,200	8,000	200	17
			消耗器具備品費	5,480	5,900	△ 420	18
			事務費	8,950	8,150	800	19
			修繕費	3,400	2,800	600	20
			業務委託費	5,450	5,250	200	21
			保険料	100	100	0	22
			減価償却費	15,175	14,810	365	23
			国庫補助金等特別積立金取崩額	△ 5,728	△ 5,678	△ 50	24
			サービス活動費用計（2）	451,577	444,582	6,995	25
			サービス活動増減差額(3)＝(1)-(2)	11,723	10,518	1,205	26

238

巻末資料②

A	B	C 勘定科目	D 当年度決算(A)	E 前年度決算(B)	F 増減(A)−(B)	
サービス活動増減の部	収益	借入金利息補助金収益	840	920	△80	27
		受取利息配当金収益	100	90	10	28
		その他のサービス活動外収益	1,200	1,100	100	29
		利用者等外給食収益	1,200	1,100	100	30
		サービス活動外収益計(4)	2,140	2,110	30	31
	費用	支払利息	840	920	△80	32
		その他のサービス活動外費用	1,200	1,100	100	33
		利用者等外給食費	1,200	1,100	100	34
		サービス活動外費用計(5)	2,040	2,020	20	35
		サービス活動外増減差額(6)=(4)−(5)	100	90	10	36
		経常増減差額(7)=(3)+(6)	11,823	10,608	1,215	37
特別増減の部	収益	施設整備等補助金収益	1,000	0	1,000	38
		施設整備等寄附金収益	800	800	0	39
		設備資金借入金元金償還寄附金収益	800	800	0	40
		固定資産受贈額	200	0	200	41
		特別収益計(8)	2,000	800	1,200	42
	費用	基本金組入額	800	800	0	43
		固定資産売却損・処分損	30	0	30	44
		国庫補助金等特別積立金取崩額(除却等)	△15	0	△15	45
		国庫補助金等特別積立金積立額	1,000	0	1,000	46
		拠点区分間繰入金費用	100	90	10	47
		特別費用計(9)	1,915	890	1,025	48
		特別増減差額(10)=(8)−(9)	85	△90	175	49
		当期活動増減差額(11)=(7)+(10)	11,908	10,518	1,390	50
繰越活動増減差額の部		前期繰越活動増減差額(12)	29,022	23,504	5,518	51
		当期末繰越活動増減差額(13)=(11)+(12)	40,930	34,022	6,908	52
		その他の積立金取崩額(15)	10,000	0	10,000	53
		修繕積立金取崩額	10,000	0	10,000	54
		その他の積立金積立額(16)	5,000	5,000	0	55
		人件費積立金積立額	5,000	5,000	0	56
		次期繰越活動増減差額(17)=(13)+(14)+(15)−(16)	45,930	29,022	16,908	57

○○保育園貸借対照表

○○保育園拠点区分

×2年

A	B	C	D	
資産の部				
勘定科目	当年度末	前年度末	増減	
流動資産	79,170	70,300	8,870	1
現金預金	77,220	69,000	8,220	2
事業未収金	150		150	3
未収金		100	△100	4
未収補助金	1,800	1,200	600	5
立替金				6
拠点区分間貸付金				7
その他の流動資産				8
徴収不能引当金				9
固定資産	465,235	469,340	△4,105	10
基本財産	297,275	299,750	△2,475	11
土地	100,000	100,000	0	12
建物	196,275	198,750	△2,475	13
定期預金	1,000	1,000	0	14
その他の固定資産	167,960	169,590	△1,630	15
建物	1,000	1,200	△200	11
構築物	6,900	5,500	1,400	17
器具及び備品	160	890	△730	18
ソフトウェア	0	2,000	△2,000	19
退職給付引当資産	34,000	30,000	4,000	20
人件費積立資産	55,000	50,000	5,000	21
修繕積立資産	70,000	80,000	△10,000	22
長期前払費用	900		900	23
その他の固定資産				24
資産の部合計	544,405	539,640	4,765	25

巻末資料②

第3号第4様式

貸借対照表
3月31日

E	F	G	H	
負債の部				
勘定科目	当年度末	前年度末	増減	
流動負債	43,900	43,100	800	26
事業未払金	3,600	3,500	100	27
1年以内返済予定設備資金借入金	8,000	8,000	0	28
1年以内返済予定リース債務				29
未払費用	6,000	6,500	△500	30
職員預り金	1,200	1,100	100	31
拠点区分間借入金	100		100	32
賞与引当金	25,000	24,000	1,000	33
その他の流動負債				34
固定負債	106,000	110,000	△4,000	35
設備資金借入金	72,000	80,000	△8,000	36
リース債務				37
退職給付引当金	34,000	30,000	4,000	38
負債の部合計	149,900	153,100	△3,200	39
純資産の部				40
基本金	136,000	135,200	800	41
国庫補助金等特別積立金	87,575	92,318	△4,743	42
その他の積立金	125,000	130,000	△5,000	43
人件費積立金	55,000	50,000	5,000	44
修繕積立金	70,000	80,000	△10,000	45
次期繰越活動増減差額	45,930	29,022	16,908	46
（うち当期活動増減差額）	(11,908)	(10,518)	(1,390)	47
				48
純資産の部合計	394,505	386,540	7,965	49
負債及び純資産の部合計	544,405	539,640	4,765	50

241

〔執筆者〕

馬場　充（公認会計士）

1995 年 6 月より、社会福祉法人の会計指導、会計研修の講師に従事し、20 年余にわたり、社会福祉法人会計の専門家として会計指導、会計監査、内部統制の支援、研修・講演、執筆などを通して、幅広く社会福祉法人会計に携わる。

2015 年に明神監査法人を設立し、社員に就任した。

日本公認会計士協会 非営利法人委員会 社会福祉法人専門委員会 専門委員長

日本公認会計士協会 公会計協議会 社会保障専門部会 専門委員

著書として『はじめにこれだけは知っておきたい !! 社会福祉法人会計の「基本」』（公益法人協会）、『新会計基準による区市町村社会福祉協議会の会計実務』（共著、東京都社会福祉協議会）、『介護イノベーション』（共著、第一法規）がある。

明神監査法人

社会福祉法人を中心とした非営利法人会計・監査への貢献を掲げ、社会福祉法人の会計監査を中心におこなう監査法人として、2015 年に設立。

社員が社会福祉法人の会計業務支援、研修業務に従事してきた経験を活かし、社会福祉法人に対して高品質のサービスを提供するほか、社会福祉法人の役職員、行政担当者、会計専門家等に向けて社会福祉法人会計並びに監査の啓蒙を行い、社会福祉法人に対する会計・監査の充実をはかっている。

最適なサービスは何かを常に創造し、実直・勤勉・柔軟性を備えた専門家集団として、会計監査を提供する。

　〒104-0033　東京都中央区新川 1 丁目 8 番 6 号 秩父ビルディング 2 階

　　　　　　　問合せ　E-mail：info@myojin.or.jp

　　　　　　　Ｕ Ｒ Ｌ　http://myojin.or.jp/

イラストでわかる

はじめての社会福祉法人会計

2019 年 6 月 30 日　　初版第 1 刷発行
2025 年 2 月 20 日　　初版第 5 刷発行

発　行　公益財団法人　**公益法人協会**

〒113-0021　東京都文京区本駒込2丁目27番15号
TEL　03-3945-1017（代表）
03-6824-9875（出版）

©2025
Printed in Japan

FAX　03-3945-1267
URL　http://www.kohokyo.or.jp

印刷・製本　三美印刷株式会社

本書を無断複写（コピー）は、著作権法上の例外を除き、禁じられています。
営利目的で使用される場合は、当協会へご連絡ください。

ISBN978-4-906173-90-7

MEMO